牛山隆信

秘湯めぐりと秘境駅

旅は秘境駅「跡」から台湾・韓国へ

実業之日本社

実業之日本社文庫

はじめに

私は今まで国内の秘境駅（現役のもの）をテーマに活動してきましたが、本書では廃止された秘境駅跡の探訪のほか、海外（台湾・韓国）の秘境駅にも足を伸ばしました。さらに山奥深くにひっそりと湧く秘湯や野湯《のゆ》といったところへ到達するために、テント泊を伴うトレッキングや本格的な登山も敢行。さらにさらに、キャンピングカーを購入し、旅の手段だけには飽き足らず、自身の座右の銘である「旅は生活の一部」を体現するため、勤務先を含めた日常生活にも取り入れました。

こう色々書くと内容に一貫性がないように見えるかもしれませんが、今回のテーマは「冒険」です。フリー百科事典のウィキペディアの冒頭の一文を紹介すると「冒険とは日常とはかけ離れた状況の中で、何らかの目的のために危険に満ちた体験の中に身を置くことである。あるいはその体験の中で、稀有な出来事に遭遇することもいう（以下略）」。

鍛えられたアスリートが超人的な体力や精神力を備えたうえで、多額の費用をかけて挑む数千mを超える高山や極地探検のような大冒険ではなくても、自分にもできた精一杯の冒険を紹介したいと思ったのです。

なぜなら、現代に生きる人々は便利になった半面、多くの制約に縛られるとともに、危険なものは最初からアンタッチャブルとして、自由な発想の芽さえも潰されていると感じたからです。

私の場合は、危険な渡河やヒグマとの遭遇を承知で人跡未踏の秘境駅跡を訪問したり、ロクに言葉もわからずに海外の秘境駅を訪問したり、ぜい肉たっぷりで運動不足のくせにつけ焼刃のトレーニングで本格登山に挑んだりしました。さらには勤務先の会社駐車場で職場の人たちの噂にのぼるや自身の評価を顧みずにキャンピングカーで車上生活をしてみたりするのも、ある意味で冒険といえるでしょう。

本書で「自分のやりたいことを精一杯できる幸せ」を感じて欲しい。

私が強く伝えたいのは「みんな、自由は平等にある」ということです。実現できる世界を少しでも広げることで、納得のいく人生を歩めるのではないかと信じています。その一助として本書がお役に立ったら本望です。

最後に。文中で様々な危険行為をした内容を載せましたが、これは同じような真似をして命を粗末にさせないことを警告するためなので決して誤解のないように、くれぐれもお願いいたします。

本書に掲載した地図は、DAN杉本氏制作のカシミール3Dで「スーパー地形データ」と国土地理院の「地理院地図」を使用して作成した地図に加筆しました。
http://www.kashmir3d.com/

01
シーズン明けの田子倉駅に一番乗り
——臨時駅となった秘境駅の「営業開始」

２０１０年の2月の終わり。長きに渡った執筆による運動不足と、止めどない食欲。このダブルパンチは、新陳代謝の衰えた中年にとって、健康な身体づくりを根底から覆すような最悪パターンだ。さらに、サラリーマン生活と執筆活動で塞がれていたスケジュールにフラストレーションは爆発寸前。ああ、早く旅に出たい！　そんな気持ちをいよいよ発散する時がやって来た。

行き先はすでに決まっている。例年12月1日から翌年3月30日まで冬季閉鎖となる只見《ただみ》線の臨時駅「田子倉《たごくら》駅」を、冬眠明けに訪れ、最初の列車に乗車する計

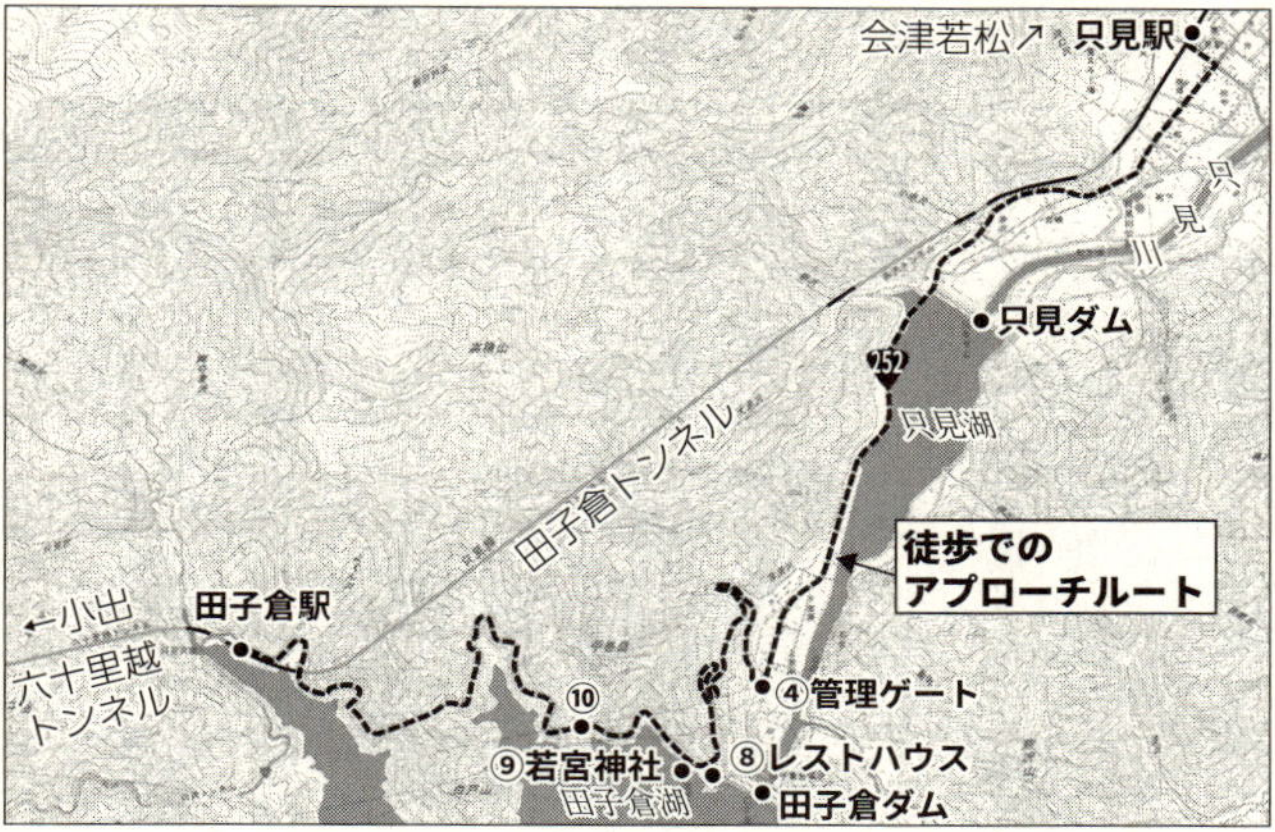

画だ。これを叶えるには、3月31日の7時7分発の426Dに乗車する必要がある。当然ながら冬眠明けから朝一番の列車に乗車するには、前日までに列車以外の手段で駅へ到着しておかなければならない。あいにく、只見線と並走する国道252号も冬季閉鎖で通行止めだ。それならクルマでなくとも歩いて行けばいいのだ！

我ながらいつも思うことだが、これは何とも馬鹿げた行為である。この寒空のなか、身一つで山奥の無人地帯へ歩いて行くなど常軌を逸している。しかしながら、冬眠明けの駅で初めての「れっきとした乗客」になるためには致し方あるまい。道のりは遠く、線路を大きく迂回する国道252号を、隣の只見駅から12㎞も歩かなければならない。仮に線路上を歩くことが許されれば、時刻表に記載された営業キロの6・6㎞で到達できるが、真っ暗な長大トンネルの中を、危険と、鉄道営業法を犯してまで実行することは本意ではない。こんな私でも、今や少しくらい名の知れた鉄道ファンという自覚はある。世のバッシングは想像するに余りあるからだ。

さて、田子倉駅は日本有数の豪雪地帯にあり、人家一軒ない完全な無人地帯として知られる。無雪期には登山や田子倉湖をトレッキングするハイカーに利用されるが、冬になれば利用者は途絶える。しかも、並行する国道252号は冬季閉鎖で、5月の連休明けまでの半年近くも通行できない状態が続き、外界から完全に孤立する。そのなかで列車だけが唯一の交通手段になる。無人地帯のここに長年に渡って無意味に停車していたのであるが、あまりにも無駄なことに気づいてしまったJR東日本は、2001(平成13)年から全列車を12月1日から翌年3月30日まで通過する臨時駅に降格させた。利用状況を考えれば当然なことだが、ファン心理としては複雑である。

――広島から一路、福島県の只見へ

こうして冬眠明けの駅を目指して、前日となる3月30日の6時29分、山陽新幹線の新尾道駅から「ひかり462号」で出発。わずか9分で隣の福山駅に着き、「のぞみ110号」へ乗り換えて東京駅へ向かった。今回は、冬用羽毛シュラフ、ゴアテックスシュラフカバー、エアマット（サーマレスト）、登山靴、4本爪軽アイゼン、フェイスマスク、冬用グローブ、携帯コンロ、電灯、コッフェル、食糧、水筒（グランテトラ）など、低山地帯の冬山装備をザックに詰めた。準備が出発前夜になってしまい、夜遅くに会社から帰ってから殆んど寝ていないせいか、静岡あたりまで記憶がない状態だ。人混み激しい東京駅で上越新幹線「とき319号」に乗り換えて浦佐で下車。リニューアルされた200系が嬉しかった。この形式は2004年10月23日に発生した新潟県中越地震の際に震源地付近を走行しており、脱線しながらも転覆を免れ、一人の犠牲者も出さなかったという、歴史に残る名車である。

浦佐では上越線への乗り換え時間が10分しかないため、駅前にある故田中角栄元首相の銅像を拝むことはできなかったが、2駅乗って只見線と接続する小出《こいで》駅へ到着した。ガラガラガラ……というキハ40形ディーゼルカーのアイドリング音が響くホームに、デジカメや携帯電話のカメラを構えるファンが群がっていた。ローカル線ブームが盛り上がりを見せているようだ。車内はいささか暖房が効き過ぎるが、これから挑む峠は極寒の地。車窓に見る子供たちが雪遊びに興じる姿が微笑ましい。私もこれから遊びに行くぞ!

途中、人家10軒ほどの秘境駅である柿ノ木駅（2015年3月13日限り廃止）の様子を車内から観察。大白川駅からいよいよ福島との県境となる六十里越に突入する。しだいに雪が多くなり、脇を通る国道252号も除雪されている様子はない。何しろガードレールの上にも積もった雪は、こんもりと50㎝以上の高さに達しているではないか。反対側の只見駅からの除雪状況は果たして大丈夫なのであろうかと心配になった。

明日は駅の営業開始日なのに、前途に不安と絶望感が交錯する。全長6359mに及ぶ六十里越トンネルを抜けると、道路の除雪跡を発見し、思わずガッツポーズを決めた。これから向かう（臨）田子倉駅を通過する時、誰もいないことを確認した。「これで私が到達すれば、今季一番乗りが達成できる」と、喜びを隠

①

すことに苦心するほどであった。

——只見駅から歩き始めてわかる、この地域を守る人たち

只見駅に着いた①。一瞬、駅前に停まっているタクシーに「行ける所まで行ってくれ」と頼もうと思ったが、散々プランニングで悩みながら徒歩で到達する時間を捻出したことを思い出し踏み留まった。一応、保険的な意味合いでタクシー会社の電話番号はメモを取っておく。さあ、いよいよ出発だ。

14時40分にスタートを切った②③。できれば写真撮影に困らない時間には到着したい。街中を行き交う人々から、もの珍しそうに見られる。だが私はこうした

事態に慣れているので一向に平気だ。つまらない羞恥心はとっくの昔に超越しているのだ。田子倉ダムまでは広くて緩い坂道が続いている。

後に会津中川駅での列車待ちで、田子倉ダムの建設に携わったという老人にお話を伺った。お話によると、只見から大きな建設機械や資材を運搬するため、幅の広い道路を一直線に造ったという。只見線はもともと電源開発を目的にした路線で、本来ならば田子倉まででことは足りたが、ダムの建設に成功した当時の会社（現在では大手ゼネコン）は、これで巨大な利益と権力を得た。当時、最新鋭の重機を持った強みでそのまま県境の六十里越トンネルを貫き、反対側の大白川まで開通させたとのことだ。失礼ながら最初は、足元はヨボつき、しきりに体を揺らしている少々心配な老人と見ていた。ところが予想に反して声には張りがあり、話す時には実に生き生きとしている。これが男の仕事と言わんばかりの迫力が伝わってきた。当時を知

④

⑤

るこうした人からは、単なる証言だけでなく生き様まで、多くを学ぶことができるのだ。

　川幅の広い只見川を眺めながら、5㎞ほどで田子倉ダムの管理ゲートに到着④。右に折れるといきなりブルドーザーで道路が封鎖されていた⑤。まさしく物理的な車両通行止めである。だが、その対象は車両であり、歩行者に関係はない。脇をすり抜けてしばらく歩くと除雪作業員が5人いた。皆でこちらを見ているので、まず先に挨拶！　これ鉄則だ。「不審者扱い」→「帰れ&通報」という憂き目に遭わぬよう気を使う。彼らのボスに通行の理由を述べるが、私は思わず田子倉駅のシーズン明け初乗車の意義を熱く語ってしまった。さすがに苦笑いをこぼしていたが、なんと駅まで除雪してあるとのこと。彼らには本当に感謝しきりである。「本当に助かりました」と礼を言うと、「軽トラで送ってやろうか？」との甘い誘いを受けるが、ここは丁重にお断りして先に進ませてもらった。

最初のカーブからいきなりつづら折れになった⑥。けれども不思議なことに、私の体は軽く、もっと歩きたがっていた。駅まであと7㎞ほどだが、たとえどんな道であろうと踏破してやると心に決めた。すでに携帯電話は圏外になっている。仮に運よく電波が通じてタクシーを呼べたとしても、ブルドーザーのゲートで塞がれているからここまで来ることは不可能だ。この先は雪崩に巻き込まれようと滑落しようと自己責任だ。

やがて短いトンネルに入るが、頭上に先の鋭い大きなツララが垂れているではないか！⑦　いかん、私はノーヘルだ。あんなのが頭に落ちてきたらひとたまりもない。しかも足元はガチガチに凍っていてツルツルと滑る。予想通りにつるりと転倒してしまい、登山靴に4本爪の軽アイゼンを装着した。ひとまずツララの真下を避けながら、慎重に歩みを進める。

田子倉湖を展望するレストハウスに到達したが、当然な

⑧

⑨

がら冬期休業中だ⑧。夕日が湖面にギラギラと反射し、黄昏のシーンを作り出している。人造湖とわかっていても壮大な風景に思わず声が出るほどだ。好天に恵まれ、歩くには最適な環境だ。そこそこに重い装備だが、登山での上りを思えば全く苦にならないほど足取りは軽い。

若宮八幡神社を参拝⑨。これは湖に沈んだ50戸ほどあった田子倉集落のものだ。集落の人々は主に狩猟をして生活をする、いわゆる「マタギ」の集団であった。住民たちの信仰対象だった山の神を祭ったもので、もとは集落の中にあったが、ダムによる水没を免れるため、ここへ移設したという。

やがてスノーシェッドに続くトンネルが現れた⑩。内部で狭くなるためか、厳めしいギザギザの警告板が貼られている⑪。息を弾ませながら歩いていたが、思わず立ち止まってしまう。スノーシェッドに構造物の美学を発見したのだ。まるで楽器のハープのように繊細な、光と影の創りだ

⑩

⑪

⑫

⑬

す芸術に目を見張った。こうした何げない発見も、クルマで通過してしまえば一瞬のことで、心に残るものは何もあるまい。スノーシェッド内には打ち捨てられたようにバイクが放置されていた⑫。故障してしまったのであろうか？

さらに標高を上げると、除雪された雪壁は背丈を越えてくる⑬。軽アイゼンを装着した歩行で、ふくらはぎが攣ってくる感覚になった。これを庇うように歩いていると、奇妙な疲労感に襲われた。だんだん足に乳酸が溜まってきているのだろう。それでも休憩を取る気になれないのは、明るいうちに田子倉駅に到着して、撮影を済ませたいからだ。誰もいないことに気を許し、声を上げて疲労した身体

⑭

に喝を入れながらひたすら歩く……。
名残惜しくも徐々に田子倉湖から離れていく。やがてカーブの向こうに小さく見覚えのある水色の建物が見えた。田子倉駅だ！⑭　もう少しだと思いきや、谷筋に沿いながらスノーシェッドで大きくトラバース（巻き込み）している。さらに追い打ちをかけるかのように、もう一つ巻いている。まさに暖簾に腕押し、糠に釘みたいな状況で、気合を入れて力強く歩いただけに虚しさが倍増した。
スノーシェッドの中をヨタヨタと歩いていたら、氷に滑って危うく転倒しそうになった。カメラがむき出しなので冷や汗をかいた。本当に油断大敵である。
こうして只見線の鉄橋脇に近づいたと

⑮

ころ、ゴーゴーと音がするではないか！　あっという間に会津若松行きの427Dが通過して行った⑮。タッチの差で木立に邪魔されてシャッターチャンスを逃してしまった。

――誰もいない駅前。秘境駅の至福

すったもんだでスタートから2時間50分後、17時30分に目標の田子倉駅へ到着した⑯⑰⑱⑲⑳。全く休憩しなかったせいか、予定の18時10分よりも40分ほど早着した。まだ周囲は明るく、撮影にも支障はない。やるじゃん、私（笑）。ドコモのFOMAが使えるとかいう看板が目障りだ。持参のAUは圏外なので余計に邪魔くさい。しかし、裏を返せば下界の誰からも邪魔されることのない、俗世間から隔絶された空間を満喫できる。

先ほどの足の疲れも吹っ飛び、入口に溜まった雪に最初の一歩を印し、嬉々として駅を撮りまくった。俯瞰アングルのポイントも雪をかきわけて自ら造り、今日一日の歩みを止めた。誰もいない駅前でラーメンを作り、ビーフジャーキーを

田子倉駅
⑯

⑱

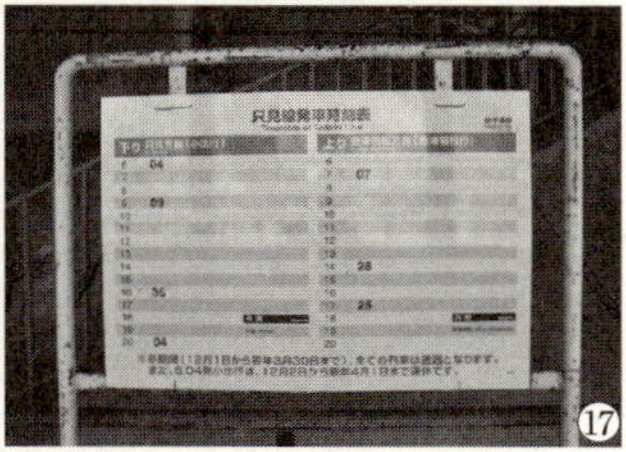
只見線発車時刻表
⑰

docomo
駅ホームの一部で
ドコモのFOMA
が使えます
⑳

田子倉駅
⑲

㉑

かじり、ビールと焼酎を煽った。今日の到達成功に乾杯！　こうして孤独な夜は更けていくのであった。
その後は、駅で明朝の列車をありがたく待たせていただくことにした。薄暗く風吹き抜けるベンチにマットを敷いて、厳冬期用の羽毛シュラフに潜る㉑。気温はマイナス5度くらいだろうか。想像していたよりも高く、何とか翌朝まで眠ることができた。
6時頃に起床し、片づけのあと、軽く周囲の撮影をしながら列車を待った㉓。やがてトンネル内にゴーゴーという音が響いてきた。やって来る列車に、「昨日と違うからなあ、間違っても通過するなよ」なんて心の中で祈りながら、3月31

日７時７分発の４２６Ｄが無事に停車した㉒㉔。運転士は無表情だったが、列車に乗り込むとすぐに車掌がやって来た。

　特に聞かれなかったが、只見より先に行く乗車券を持っているので、重複する田子倉～只見の乗車券を２００円で買った。最後尾の曇った窓から、先ほどまで格闘していた田子倉駅がぼんやりと映った。窓の外に去っていく光景は、相変わらず寒々しいものであった。

（ご注意）田子倉駅は、２０１１年７月の新潟福島豪雨で只見線が被災したことにともない営業を休止。２０１２年10月１日、田子倉駅を含む只見—大白川間が復旧したが、全列車が田子倉駅を通過。

2013年3月15日限りで廃止されました。

㉓

㉔

02 幻の秘境駅跡訪問は命からがら

——到達困難な秘境駅、どうアプローチする?

２０１６年の８月、北海道の秘境駅ならびに山中を片道21㎞も歩いて到達する危険な野湯への旅を実行した。まずは出発の準備として、①クマ避けスプレー、②救命胴衣、③鉤《かぎ》つきのロープ（およそ60ｍ）、ロープを止めるカラビナ、地下足袋、バッグを入れる防水の袋などを揃えた。こんな得体の知れない物を持ち込んでいったい何を企んでいるというのか? 理解不能な読者が大半だと思うが、どうしても到達したい場所があるのだ。現場は2年ほど前に下見をしているし、上空からの状況もGoogleMaps のストリートビューでもあらゆる角度から検討し

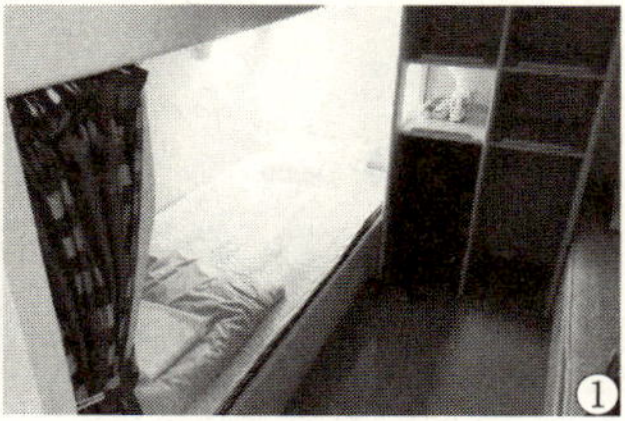
①

②

たので準備万端！　と、一人息巻いていた。それが見事に玉砕されるとは露知らず……。

――まずはいくつかの秘境駅跡へ

今回の旅は航空機内へ持ち込みできないクマ避けスプレーやロープにつけた鉤を持参するため、フェリーで渡道した。8月某日、勤務先の東広島から仕事が終わった直後にクルマで出発。高速道路を数時間走って舞鶴港に到着した。小樽港まで新日本海フェリーでおよそ20時間の船旅でようやく上陸①②。すでに夜なので、下船後は港近くの国道5号脇のパーキングで一夜を明かす。

翌朝、朝里《あさり》駅から銭函《ぜにばこ》駅まで列車に乗車して往復。目的は２００６（平成18）年3月18日に廃駅になった張碓《はりうす》駅の跡を車内から観察するためである。運転席の真後ろでのかぶりつきで気合を入れたが、過去訪れた時にあった駅舎は

③

おろか2面のホームもすべて撤去されていて跡形もない③。銭函駅で折り返しても当然ながら結果は同じ。自身が2001年の1月3日に一度失敗し、二度目の同年3月8日にようやく到達した思い出の駅だけにいっそう寂しさが募った。

朝里駅に戻ってクルマで出発。国道337号と275号で林の中のフォトジェニックな秘境駅として知られる札沼線の豊ケ岡駅を訪問④⑤。いつ来ても得も言われぬ寂寥感は抜群だ。さらに北上して留萌《るもい》本線の峠下駅に到達⑥⑦。なんと駅周辺に2軒あった人家がいずれも廃屋になっていた。事実上、駅としての機能は終わりを告げ、交換設備があるがための信号場と化している。北海道の秘境駅は

どこも風前の灯火であることを痛感した。そして隣にあった、張碓駅と同年同日に廃止された東幌糠《ひがしほろぬか》駅跡を訪問⑧。板張りのホームは取り壊されて久しく跡形はない。脇にあった踏切に記されたキロ程だけが過去に存在した事実を淡々と裏づけるだけだ。

　そのまま国道233号を留萌方向へ進み、1990（平成2）年10月1日に廃止された桜庭《さくらば》駅跡を訪問⑨。既に四半世紀以上前に廃止されているので、痕跡などは始めから期待していないが、未舗装路に続く踏切さえ既になくなっていた。もはや自動車さえ通ることなく廃道と化したようだ。

　留萌本線沿いの国道233号から外れ、

⑨

⑧

⑪

⑩

１９９５（平成７）年9月4日に廃止された旧深名線沿いに再び国道２７５号を北上。左手に朱鞠内《しゅまりない》湖を眺めながら一気に美深《びふか》まで到達した。ここでルート上から少し外れて宗谷本線の南美深駅に立ち寄ってみた⑩⑪。屋根も壁もトタン張りの古い待合室は鮮やかな緑色に塗装されていたが、内部は長きに渡って時間が止まったままだ。ボロいと言ってしまえばそれまでだが、儚き人生の記憶を蘇えらせるタイムマシン的な存在として貴重な物件といえよう。ここから国道40号でさらに北上して今回のメインになる神路《かみじ》駅跡へ挑むことにした。

――神がかった駅名

「神路」という名称から、にわかに神がかった土地を想像させるこの駅は、いったいどのような場所にあったのか？　宗谷本線の筬島《おさしま》―佐久の駅間距離は18㎞に及び、ここは筬島側へ7・5㎞、佐久側に10・5㎞も離れた陸の孤島に位置している。あたりは天塩《てしお》川が刻んだ狭い渓谷で、ただ一軒の人家さえない無人地帯だ。国道40号は天塩川を挟んだ対岸を通っているため、道路側からのアクセスは不可能。おまけにヒグマの生息地であることから安易に近づくことができない第一級の秘境といえよう。

いったいなぜ、このような場所に駅ができたのか。ここで簡単に神路の歴史を紹介しよう。神路駅は1922（大正11）年11月8日、国鉄の一般駅として開業。列車交換が可能な2面2線のホームと、駅員が住み込みで勤務した駅舎があった。その後、1977（昭和52）年5月25日に信号場へ格下げされたが、仮乗降場として細々と旅客扱いが行われていたようだ。1985（昭和60）年3月14日に廃止された。

⑫

⑬

その昔は林業で栄え、日通の稚内支店神路派出所や小学校まであったというが、それも1965（昭和40）年頃までのこと。だが、人々が去ってしまったことには、決定的な理由があった。もともと鉄道以外の交通機関はなかったが、1963（昭和38）年3月に天塩川の対岸を通る国道40号との間に「神路大橋」が完成。だが、わずか9カ月後の同年12月18日、この地域特有の季節風により落橋。以後、橋が建設されることはなく、住人は絶望の淵に立たされた。こうして一帯の人々はこの地に未来を見出すことはできなくなり、集団で離村してしまった。

最後の住民となったのは信号場に勤務する国鉄職員であったというのも皮肉なものだが、それさえも合理化によって列車交換の必要性が失われてしまう。やがて信号場は撤去され無人地帯になった。その後、長らく駅舎を半分に減築した保線小屋が残っていたが、2005（平成17）年5月、保安上の理由から解体された⑫。いまや跡地一帯は草木が繁茂し更地になっている。わずかな痕跡として、列車交換をしていた分岐器を撤去した跡の「曲がり」が見られるに過ぎない⑬。

——到達プランを練る

だがしかし、私は人々が絶望して打ち捨て去ったこのような土地に魅かれてしまった。通過する列車の中から見るたびに疑問が幾つも芽吹いた。あまりの危険に到達不可能という岩盤に抑えられ、ともすれば到達行為が批判の対象となるとわかってはいても、欲望の幹はぐんぐんと太り続けた。やがて可能性の枝をあらゆる方向へ広げるに至った。その枝となるプランを4通り考えた。

まず一つ目は、比較的近い筬島駅からの7・5㎞を歩くというもの。片道で所要2時間、往復で4時間もの歩きはあまりにもリスキーである。先に延びつつある高速道路の建設工事現場から到達する手段も考えられたが、当然ながら駅跡に接してはいない。その先は人跡未踏の山中で、遭難し、ヒグマに襲われることが想像された。やはり危険すぎるため却下。

二つ目は、佐久側の林道をクルマで進んでからアクセスする方法だ。しかし、事前調査では途中のゲートで通行止めになっていることを確認している。あとは延々と歩くしかない。歩行距離では筬島側からのアプローチよりは短そうだが、やはりヒグマの出没を考慮すると却下せざるを得ない。

三つ目は天塩川の対岸からゴムボートで渡ろうというもの。現地で空気を入れてからいざ出航し、ボートから対岸へ鉤つきロープを投げ、手繰り寄せて行くという計画だ。だがゴムボートは高価だったし、鉤つきロープのアンカリングに失敗すれば下流の幌延《ほろのべ》方向へ流されてしまう可能性が高いと判断。これを目撃されると通報される可能性が高く、世間様を騒がせる恐れがあるため却下した。

そして、最後の四つ目。GoogleMaps の衛星画像で見ると川に中洲があり、両端付近がわずかに波立っていることを確認。そこは浅瀬である可能性が高く、万一のために救命胴衣を着用し、流されないように対岸の岸辺にアンカーロープをかけてから渡渉するというものだ。これなら費用は最小限で済む。波立っている上流側からアプローチして中洲に渡り、数十m歩いて下流側の同じく波立っている場所に再度アンカーロープを設置。最後に鉤つきロープを投げてアンカリングを行い、2段階で渡渉するという安全性を考慮した計画を企てた。この時、頭の中で道が開けてしまい、もう四つ目の手段しかないと決断した。後に恐ろしい事

⑭

態が待っているとは露知らず……。

――いざ、実行！ 肝心なのは「落ち着き」

こうして2016年8月7日、運よく晴天で水温も雪融けほど冷たくはなく、いざ実行に移すことにした。救命胴衣を着用し、熊除けスプレーやカメラなどを防水袋に入れたザックに入れて背負う⑭。クルマを川岸に寄せ、後ろのフックにアンカーロープをかけて、いよいよ入水！だが、歩いてすぐ膝上まで水が来たかと思ったらその先が深みになっていた。中洲まで目測で15mくらいか？　ここで何を思ったのか引き返すことをせず、泳いで渡ることにした⑮。子供の頃スイミン

グスクールに通った経験から泳ぎには自信があった。まさに大馬鹿者の私……。ザバーンと飛び込んで平泳ぎで数回くらい掻いた途端、ものすごい力で流された！　輪っかに担いだ60ｍのロープがあっという間に終わったかと思いきや、腰のベルトに強烈な力がかかり、ズーン！と川底へ引き込まれそうになった。頭までブクブクと沈んだ。渾身の力で浮き上がったものの、すぐに渡渉は不可能と悟った。もはや川の中で生死の境を彷徨う、溺死寸前の遭難者という立場へ陥った。

　万事休す。だがこんな所で解決にならない後悔や、ましてや諦めて走馬燈なんか回している暇なんてない！　ふと、人は溺れかけた時には慌てたり騒いだりせず、両手を広げて力を抜き、胸を張れば浮くということを思い出した。そう、子供の頃のスイミングスクールで先生が言っていたあの言葉だ。勇気を持ってロープから手を離し、ベルトに接続されただけの状態で手を広げた。救命胴衣もさることながら、教えの通り本当に身体が浮き、川岸とロープとの角度が徐々に小さくなって行く。やがて接岸して大地への一歩を踏み、晴れて生還を果たすことができた。

緊張が解けてそのままへたり込んだ。ゼーゼーと激しい呼吸が止まらず、全身は動くことを完全に拒否した。しばらくして何と愚かなことをしてしまったのか、世に溺れて亡くなって行く人はこういう体験をしたのかと、途轍もない後悔が襲ってきたが、冷静に考えると私は自力で生還したのだ。救急隊も来ていないし、世間様も騒がせてはいない。もちろん誰かを犠牲にしてしまった訳でもない。自業自得だが、何とか自己完結に導いた訳だ。岸から結んだアンカーロープ、救命胴衣の着用、そして生還するための知識。どれか一つでも欠ければ、こうして今書いていることはなかったはずだ。昔から頭よりも身体で覚えるタイプなので、このように危険に近づいてみないと理解できないことが多い。非常にリスキーな人生だが、冒険者とはこういう一面がないと務まらないと思う。

⑯

⑰

ふらふらとクルマに戻ってびしょ濡れの全身を拭いて着替え、コーヒーを淹れて冷え切った身体を温めた。しばらくすると、すっかり安心したのか、これだけ命を賭けたのだから、どうしても到達しないと気が済まなくなった。我ながら諦めが悪く、困った性質である。当然ながら川からのアプローチはできないので、先に挙げた二つ目のプランを実行することにした。クルマで佐久側からの林道を走り、車両通行止めのゲート前の広場に止めた⑯⑰。トリップメーターを見る限り４㎞は進んだようだ。

——徒歩で、神の領域へ

ここから歩いて行くため登山靴に履き替え、熊避けの鈴、熊避けのスプレー、１００均で買った大きな音だけ出るおもちゃのピストルなどを持つ⑱。林道はさらに先へ延びており、40分ほど歩いたので３㎞はあっただろうか、ついに

⑱

⑲

小さな踏切で車道は終わりを告げた⑲。佐久側からすでに７㎞の位置まで来ている。計算上では残り３㎞あまりだ。時刻表ではこの時間帯の通過列車は上下合わせて２本あり、通過する数分前にはできる限り線路から離れること、無用な停止をさせないという配慮の上で歩みを進めた。夕刻が迫っているために急がざるを得ない。無心になって30分ほど進むと前方に大きく開けた場所に出た。旭川起点の１４３㎞ポストも見える。１００ｍ先の１４３・１㎞の補助距離標が停車場中心だ。わずかに曲がった分岐器跡の曲がりも確認できた。ついに念願の神路駅跡に到達したのだ！

なんの変哲もない林の中だが、私にとっては神様に近づけた特別の場所なのだ。今までの苦労や命を失いかけたことなど、すっかり忘れて一人悦に入っていた。やがて遠くで列車の音がした。まもなくして列車が来たが、駅跡だから線路の近くには立っていない。無用な停車を誘発させないためにも細心の注意を払う。ホーム跡も駅舎もすべて撤去されているため痕跡はほとんどない。もう少し時間が欲しかったが、すでにあたりは薄暗くなってきたため、帰ることにした。暗くなって足元がおぼつかなくなってきた頃、ようやく車道が始まる踏切に着いた。頭に探険用のヘッドランプを点灯させ、しばらく歩いていたが、突然、熊笹がガサガサと音を立てた。

やばい！　とうとうヒグマに出会ったか？　腰に下げたホルスターから熊避けスプレーを抜き、高鳴る鼓動を抑えながらトリガーに指をかけた。もはや対戦あるのみか！　しかし、ただの一度しか音がしないし、唸り声も聞こえてはこない。恐らくエゾシカだろう。気休めにピストルを2～3発鳴らすとガサガサと音を立てて遠くに行ってしまった。ほっと胸をなでおろした。緊張と疲労でふらふらになりながら、ようやくクルマに到着。万歩計は既に2万6315歩を数えていた。風呂に入りたいが近くにはなく、ましてや時間も遅い。クタクタになりながら今夜の寝場所を求めて糠南《ぬかなん》駅へとやってきた⑳㉑。真夜中の板張りホームに座り込んで溜息を一つ。どっぷりと疲れ果て、電灯に飛び交う虫ばかりが元気なことに軽い嫉妬を覚えつつ、反省もそこそこに泥のように眠ってしまった。

⑳

㉑

03

徒歩で片道21km!
日本一遠い野湯「金花湯」への道

――最も到達が困難!?

2016(平成28)年の8月、北海道の秘境駅ならびに野湯へ到達する旅においての最終目的地が、渡島《おしま》半島の山奥にひっそりと湧く金花湯《きんかとう》である。ここは国内に数ある野湯の中でも最も到達が困難な野湯といえる。

冒頭からいきなり脱線させて申し訳ないが、ここで秘湯と野湯の違いを述べておこう。まず秘湯は、どんなに山奥にあっても、人(宿など)によって管理され、有料のものが多い。一方、野湯とは誰からも管理されず、基本的に自然のままの状態。24時間いつでも自由に入浴でき、当然ながら無料というものだ。放浪癖が強いうえにケチな私は、自由と無料にことごとく弱い。

ちなみに秘湯では、今回訪れた金花湯よりもっと険しい所がある。富山県の北アルプス山中に湧く高天ヶ原《たかまがはら》温泉で、どのルートを通っても片道13時間、基本的に最低2泊3日を要する。ただし、先ほどの条件に当てはめると、徒歩で20分ほど離れた高天ヶ原小屋によって管理されており、清掃協力金として３００円の入湯料がかかる。さらに薬師ヶ岳への登山ルートでもあるので秘湯とはいえ人通りもある。こちらのお話は、別項で紹介することにする。

――かつては近くまでクルマやバイクで行けたものの……

余談はさておき、２０１６年8月10日、私は意を決して金花湯を訪れることにした。金花湯への道のりは片道21kmもあり、全行程が徒歩のため日帰りは不可能。よって、温泉脇でのテント泊という強行軍になる。コースそのものは廃道とはいえ、以前クルマが通行していた道ゆえ、登山道とは異なり比較的緩やかだ。しかしながら、あまりにも長丁場のため、体力的な消耗は著しいものがある。途中の沢で水分補給をしたくても、北海道の沢水は、キタキツネ等が媒介するエキノコックス症（寄生虫）に罹患する可能性も否めない。特に流れの緩やかなものや、たまり水の飲用は禁忌である。そのため、水などの飲料は重くても持参すべきだ。さらにヒグマとの遭遇率も極めて高く、ネットの情報でも過去に幾度か遭遇した記述も見られる。現実に真新しい痕跡（足跡、糞）も見られることから、熊避けスプレーをはじめ、鈴、ラジオ、爆竹、ホイッスルなど複数の対策が必須となろう。

こうした様々な事案から、目標の金花湯へ到達することは、大きなリスクを背負うため、体力、技術、装備、覚悟が必要になる。さらに細心の注意を払っても、起こりやすいアクシデントに対し、冷静かつ適切な処置などが求められるだろう。あらゆる面で自らの行動に全責任を持つことができる人に限られる。ゆえに誰もが到達可能な場所ではない。

10年ほど前は、現場（温泉）までジープタイプの4WD車やオフロードバイクなどで到達できたようだが、2016年現在、林道の入口は二輪車の通過さえも許容しない厳重なゲートに阻まれているため、徒歩以外での進入は不可能である。

↑寿都・小樽
島牧村役場
229
276
↙せたな・
函館
泊川
宮内温泉
ホンベツ川
ゲート
千走温泉
林道カモイ千走線
カモイ川
泊川
スナフジ沼
ガロ沢川
神威山
二股沢川
泊川
コイクチノ沢
泊川大橋
コイの口橋
金花湯
渡河地点
小金井沢川
小金井沢橋
バカ殿岩
島牧村
マス川
泊川

——金花湯のデータ

前置きが長くなって恐縮だが、ここで温泉の一般的データを紹介する（ウィキペディアによる）。

【概要】

金花湯は北海道島牧《しままき》郡島牧村、泊《とまり》川支流小金井沢川沿いにある温泉、いわゆる野湯である。温泉法に基づく温泉ではなく、正式な名称も決まっていない。文献やサイトによっては、「小金井沢温泉」「小金の湯」「金華湯」「黄金湯」「黄金温泉」などと表現されることもある。

ここでは使用頻度が一番高いと思われる「金花湯」の表現を用いる。

【泉質】

大量に白い湯の花が生成されること、石灰華《せっかいか》の成長が早いことから、硫黄、カルシウムが豊富に含まれていると推測。泉色は無色透明であるが湯の花によって白濁しており硫黄臭がする。

【温泉地】

渡島山中の奥深く、ブナの原生林に囲まれた、北海道でも屈指の野湯である。一番大きい源泉は小金井沢川横の高台から湧き出しており、黄褐色（見方によっては黄金色）の石灰華ドームを形成している。源泉のやや下には先人が掘った湯船があり、通常はそこを利用する。見晴らしはよく、周りの山々の様子を眺めながら入浴できる。周辺にもいくつか少量湧出の源泉がある。ウェブサイトによっては「大判小判の湯」「鳳凰《ほうおう》の湯」などと名づけている。

【歴史】

昭和30年代に鉱山調査のボーリング中に偶然湧き出た。昭和の末頃までは温泉のすぐ横までトラック通行可能な林道（今回向かったコースとは別の近道）があったが、現在は廃道（泊川林道）となっている。

――8月10日の昼前、スタート！

まず、金花湯に向かうスタート地点は林道カモイ千走《ちわせ》線のゲートだ①②。ここは千走川温泉と宮内温泉を結ぶ山道の途中にある。ゲート前のスペースへ、他のクルマの迷惑にならないように駐車した。ゲートは頑丈なうえ施錠されているため進入は不可能。脇にも土嚢が積まれているため、バイクでも難しい。バイクならばゲート下を引き摺れば侵入できるだろうが、無理をして侵入して事故を起こせば、ネット時代特有の苛烈な社会制裁を受けることは容易に想像できる。たとえ徒歩であっても全ては自己責任。事故を起こせば、自分だけでなく、ここを目指す全ての人に迷惑がかかるため、慎重に行動されたい。

8月10日の11時40分にゲート前を出発。未舗装だが割と整備された林道をゆっくりと登っていく。およそ30分で一つめの分岐に着き、道なりに右へ進む③。左はカモイ支線林道で、下って行くとカモイ川に架かる神威橋へ行くらしい④。橋の先にも道は続いているが、その先は廃道だそうで、絶対に左へ進んではダメだ。こうした情報はすべてネットで収集したものなので、もしかしたら間違っている

こともあるかもしれない。これを信じて遭難しても、書いた人に文句を言う前に自滅してしまうのがオチだ。ならば、最初から半信半疑で臨めばいい訳で、今回は3日間分の食料と、歩荷《ぼっか》訓練（体力・技術をつけるため不必要な荷物を敢えて持参する行為）を兼ねて5Lの水を背負った。もちろんテントなど宿泊装備も携行している。情報が乏しい時は、常に最悪のケースを想定した準備が必要なのだ。

さらに30分ほど進んで二つめの分岐に着く。右側は廃道状態の施業道スナフジ沼線⑤。もちろん道なりに直進だ。右の道は茂みになっているので、間違えることはないと思うが、秘沼スナフジ沼へ通じているようだ。この沼は長さ400m、

⑤

⑥

幅300mの菱形の大きなものらしい。ちなみに沼とは水深5m未満で、成り立ちが自然のもの。対して湖は水深5m以上のものを指すらしい。さらに言うと池は成り立ちが人工のものだそうだ。人跡稀な山奥にあり、手つかずの原生林に囲まれているという。だが、そこまでの道のりは泥濘路でかなり苦労するという。日程に余裕があれば行ってみたいが、今回は残念ながらパスすることにした。

さらに進むと三つめの分岐に出た。施業道カモイ6号という標識が見えるが、類に漏れず廃道状態なのでそのまま直進⑥。しばらくして突然古いゲートが現れた⑦。閉まっていないのでそのまま通過した。路面状態はいいので是非ともクルマを通して欲しいものだ⑧。ここまで片道1時間半かかったので、クルマならば往復で3時間も稼げると思うと切なさが込み上げてくる。すぐに四つ目の分岐に到達。ここは重要チェックポイントで、神威山を左に巻くか右に巻くかの分岐点になる。人情的には直進しそうだが、必ず

⑦

⑧

左へ曲がること。以前は直進した先で合流できたようだが、幾度も分岐が続き、かなり迷うらしい。徒歩だと洒落にならないくらい体力を消耗するので気をつけたい。左方向へ進む正しい道に「カモイ泊川マス川林道」という標識がある。これから先、木の枝などにピンクのリボンがかかっているので、遭難する可能性は少ないが、もし不安になったら戻って確認することが肝要だ。

――「ポイントオブノーリターン」を通過

　これまで長らく続いた登りだが、少しずつ緩やかになる。神威山を左に巻く頃から見晴らしもよくなってきた。まだ体力的に余裕はあったが、2時間以上も歩いたので無理せずに木陰で10分ほど休んで再スタートした。だんだん草生して、普通の林道風景が失われてくる。ピンクのリボンを頼りにゆっくりと進んで行くと、大きな崩落現場に出くわ

⑨

⑩

した。幅が狭く地盤も緩いため、オフロードバイクなら何とかなりそうだが、4WD車でも改造したジムニーに転落防止のアンカーをかけるくらいの準備をしないと難しいだろう。そんな難所でも徒歩なら気楽なものである。何よりも移動手段を壊す心配が全くないのだから。

さらに大規模な落石現場にぶち当たった⑨。もはや撤去することさえ絶望的な大岩が山積している。恐らく改造されたジムニーでも通過は不可能。オフロードバイクでも二人がかりで持ち上げながら突破するしかなさそうだ。ただし、ここで無理をすると帰還不能になる可能性があるので、潔く動力源は置いて行くことが利口だろう。すでに歩いて3時間15分もかかっているので、目標まで半分近くは来ているのだから十分に恩恵は受けたはずだ。

ここで初めて人工建造物（未舗装路もだけれど）を見た。黄色いガードレール（山口県ではメジャーだが）が特徴的な「コイの口橋」に到達⑩⑪。3カ所ある橋のうちの最初

ので、全行程のほぼ中間地点になる。これから先、目標の「金花湯」までは、いままでかかった3時間以上をさらに要する。いわゆる日帰りの「ポイントオブノーリターン（帰還不能点）」になるわけで、これから先は宿泊なしに後戻りはできない。ここでモタモタしていると温泉に着く前に日が暮れてしまう。明るいうちにクルマへ戻るならここ。怪我をしてしまってこれ以上無理ができなければここ。体力も精神もボロボロで早くシャワーを浴びてベッドで寝たい人にも、ここまでの勇気と頑張りは称えてあげたくなる。これから先は、決して道路とは到底思えない険しさだ。進むか、引き返すか、ここはまさに「自問自答の橋」であ

⑫

⑭

⑬

った。
　出発してから4時間20分で二つ目の橋である「泊川大橋」に着く⑫⑬。さすがに大橋と名乗るだけあって半端ではない高さで目が眩みそうだ⑭。それでも二つの川が合流する絶景ポイントは、ここまでの下を向いて路面ばかり見てきた疲れ目には感動的な出会いであった。あまりに見晴らしがいいの

⑮

⑯

で、ここで、周囲にいるかもしれないヒグマへこちらの存在を伝えるために、爆竹の代わりに１００均で入手したおもちゃのピストル（大きな音がする）を鳴らした。攻撃力はゼロだが、相手を威嚇する能力と、自身の精神状態を鼓舞するのに著しい効果を発揮するため、極めてコスパの高い兵器なのだ。

　さらに進んだ五つめの分岐も要注意ポイントだ。右側へ大きくヘアピンカーブしながら登って行くのが正しい。直進方向は「泊川河鹿の湯」に至るかつての林道だ。もろに廃道で崩落箇所も多数あるという。来た方向を振り返ってピンクのリボンをしっかり確認してから進む。熊笹や大きな蕗《ふき》が生い茂る薄暗い道を登って行くと三つ目の橋になる「小金井沢橋」に着いた⑮⑯。温泉はこの沢の上流なので、意外に近いかと甘く考えていたが、勾配はさらに強まってきた。

　息も荒くなったところで、大きな岩が鎮座する広場に着

⑰

⑱

いた⑰。この岩、誰が名づけたか知らないが、「バカ殿岩」と呼ばれているそうだ。大きな台形をした岩の頂上に丁髷《ちょんまげ》のような木が生え、裾野に出っ張った岩がまるで顎を突き出したような異様な形をしている。まさに志村けんがコントで見せる「アイーン」の顔である。この絶妙なネーミングセンスを称賛したい。

　ちなみにバカ殿岩の奥へ分岐する道があるが進んではいけない。正しい道は左側の薄暗い林の中を上って行く⑱。それでも先人の踏み跡があるので安心できる。しばらく進むと、道にできた水たまりの縁に鮮明なヒグマの足跡を発見！　もうそろそろ出会うのでは？　と緊張してきた。100均のピストル音を発射するとともに、熊避けスプレーを取り出し、発射手順などを確認しながら気を紛らわした。耳を澄ませてみても全く音がしない。大丈夫だろうと判断し、冷たい水の流れる沢で休憩する。タオルを浸して全身を冷却し、行動食（ウイダーインゼリー）などをとりなが

⑲

⑳

ら息を整えた。

――徒歩で7時間強、ついに到着

出発からかれこれ6時間30分も経ち、ようやく渡河ポイントに到着⑲。ここまでくればもう少しだと安堵したのか、一瞬気が緩んだところでアクシデントが発生した。川へ降りる所が落ち込んでおり、しかも滑りやすい岩が露出していたのだ。そこでバランスを崩して滑落し、左腕を足元の岩に強打。さらに身体がぐるりと回転しながら川に落下。おまけに川の中でも勢い余ってバウンドしながら顔面から水面にザブンと突入した。たぶん傍から見れば交通事故に匹敵するくらいの飛ばされ方だったはずだ。

幸いにして軽傷で済んだが、軽傷でもさすがに痛い……。ダメージは左腕の擦過傷と左小指の裂傷。流血ダラダラを川の水で洗い、イタドリの葉っぱを敷き⑳、タオルで縛って止血に成功した。休憩を兼ねてしばらく呆然としていたが、ふと、胸のポケットにあるはずのスマホが行方不明になっていることに気づいた。落下したポイントに行くと、水の中で青白く光っているではないか！　無事に回収完了。10分ほどの水没だが、生活防水機能が効いていたせいか無事だった。以前、九州は別府の野湯（酸性）に落下しても生き延びた個体なので、今回も大丈夫だったようだ。アクシデントの起きた沢を渡って鬱蒼とした暗い道に突入。目指す金花湯はもうすぐなのだが、先ほどの一件で意気消沈ぎみだった。それでも道に温泉の成分（硫黄片）を発見！

猛烈に、身体のエンジンに火が入った。先ほどの怪我なんかどうでもよくなり、一気に坂を上って18時45分に到着㉑㉒㉓。出発から7時間5分を要した。思わず「オォー」と雄叫びを上げた！　まさに大興奮である。この魅惑的なコバルトブルーの硫黄泉は美の極致だ。しかも、温度は41℃くらいで丁度いいではないか！　すぐに荷物を放りだし、真っ裸になってドボン！　これほど気持ちのいい湯は本当に久しぶりである。21㎞の長丁場を歩いただけあって、本当に大きなご褒美だった。明日も同じ距離を戻ることになるが、そんなことは、今はどうだっていい。とてもじゃないけれど考えたくない。

㉑

㉒

――極上の野湯を独り占め

メインの風呂は瓢箪型で、4～5人は入れそうな大きさ。蕗の葉が枯れたものが浮いていたので、サッと取り除いた。しかし、底のほうでガリッとした痛みを伴う感触があり、掬ってみると蕗の葉にお湯から析出したカルシウムが付着して塊になっている。くれぐれも怪我には要注意だ。お湯はカルシウムが大量に含まれた特濃の硫黄泉だ。ホントに稀に見る泉質で、もう気持ちがよすぎて頭がフリーズしてしまった。

下のほうにある崖っ淵（高さ十数m）の風呂はメインの湯から流れて行くお湯を溜めたものだ㉔。だがぬるいうえに、何といっても恐ろし過ぎる。どうにもこうにも落ち着かないので、すぐに出てしまった。

あたりが薄暗くなってきたので、メインの風呂の上方にテントを設営。最近入手したスウェーデンのヒルバーグ・ソウロを設営した。基本的に一人用だが、広い前室の使い勝手は特筆に値する。重量こそ2kgを超えるので、さすがに国産モノよりも重いが、強度や撥水性などの信頼性は抜群だ。収納袋も大きめに作られ

㉓

ていて、ストレスフリーの設営・撤収が可能。何よりも自然に溶け込む色と、機能的でカッコいいデザインにも惚れてしまい、清水ダイビングで大枚を叩いたものだ。

テント設営後、ビールを飲みながら入浴していたら、今日の疲れがドッと出て、珍しくも食欲不振に陥った。お湯の強力な成分と相まって、湯あたりでも起こしたのだろうか。もう何もする気も起らず、シュラフに潜って寝入ってしまった。22時頃にぼんやりと目覚め、何とかおにぎりを一つだけ食べたが、また寝るといった感じ。せっかくジンギスカン肉まで背負ってきたのに、何とも情けない話だ。もうね、ヒグマが来ても、コレあげるからアッチに行ってくれ……という心境だった。

——テント撤収後もまた入ってしまうほどの湯

翌8月11日は、5時30分に起床。こんなとんでもない山奥でも随分呑気に寝られたせいか、体力も回復できた。そこで、昨日あまり長く入れなかった崖の湯にもう一度入ってみた。でもやっぱり落ち着かなくてすぐに出てしまう。そして、崖の脇からゆっくり降りていくと、芸術

㉔

的な景観（石灰華ドーム）が出迎えてくれた。中央にコブの部分が大きくせり出している。崖の湯は、まさにオーバーハングの空中風呂状態になっている。ちなみに、これは岩ではなくて、カルシウムが固まっただけのモノだ。崩落したら本当に洒落にならない。

下の川にも温泉（大判小判の湯、鳳凰の湯）があるらしいので行ってみたが、わずかに硫黄の湯が流れ込んでいるだけで、風呂は発見できなかった。きっと大水で流れてしまったのだろう。辛うじて痕跡を残すだけだった。川の水と混じっ

たものへ無理矢理に入っても不快感が増すだけでメリットは何もない。さっさと上に登ってメインの湯に再び入った。湧き出しの源泉池は50℃以上でかなり熱いが、メインの風呂へ流れ着く間に適温になるようだ。あまりの気持ちよさに、帰るのが惜しいくらい。テント撤収後にも未練がましく、さらにもう一度入ってから出発するほど惚れ込んでしまった。

――帰り道は行きより大変

こうして、名残惜しい金花湯を7時ちょうどに出発。今日中に下山しなければ後々面倒なことになる。今夜の23時30分に小樽港を出るフェリーに乗船する予定だからだ。こんな山奥に来て予備日がゼロというのもなんだが、最悪、函館まで走ってフェリーで青森か大間にさえ渡ってしまえば自宅の広島まで陸続きだ。まあ、ダメなら焦っても仕方ないと呑気に構えながら歩みを進める。昨日怪我をした沢を渡り、ハイペースでバカ殿岩に到着。今日も快晴で嬉しいが、あまりにも気温が高いのが気にかかる。

「小金井沢橋」に着く。なんだか蒸し暑い。この先は無理をせずこまめに休憩を取って行く。絶景の「泊川大橋」を過ぎて、行程の約半分になる「コイの口橋」へ到着。妙な名前の橋だ。暑さに伴う疲労で思考力が低下してしまったのか、「お口の恋人はロッテ」などと、もはや下らないことしか浮かばない。

出発から3時間半ほどで昨日の土砂崩れ現場付近を通過。暑さと足の疲労で、だんだんと歩みが重くなる。スタート時はあんなにハイペースで、帰りは楽勝だなんて思っていたら、大間違いの様相を呈してきた。薄暗い茂みの道を脱出し、遠くの山の間から日本海が見える㉕。そんな景色で勇気づけられるほど甘い道ではない。カーブミラーが現れたので自撮りなんかして洒落込んで見るが、もちろん苦し紛れの産物に過ぎない。しかし、こんなきれいなカーブミラーなんて、ゲートが閉められているのに必要なのだろうか？　何やらモヤモヤしてきた。いやここは落ち着こう。最後まで気は抜けない。

出発から6時間半を過ぎ、渡島連山を眺望する絶景ポイントに着いた。時折、涼しい風が抜けるが、やっぱり暑いものは暑い。おまけに、動きを止めるとたくさんのアブが襲ってくる。幾度叩いてもキリがない。黒い大き目のアブはまだいいが、あの小さい黄緑の小悪魔は本当に頭にくるほど執拗に私を刺しまくって、全く休ませてくれない。

㉕

㉖

行きの時に絶対間違えてはいけない重要ポイントの岐路に着いた㉖。これで長い登りがようやく終わった。あとは緩い下りだが、少し右足が痛いため庇いながら歩き、カーブを曲がった所で、ちらりと自分のクルマが見えた。14時57分にやっとゴールに到着！　ギリギリ8時間以内だが、往きより1時間以上も長くかかってしまった。暑さと痛さでもうフラフラだ。今回は歩荷訓練で水を5Lも持って行ったが、さすがに2L以上も残った。ゆえにいくら汗をかいても安心して歩けたので、結果オーライといったところか。しかしながら、今回の反省点は、やはり沢で落下した時に負った怪我に他ならない。幸い軽かったが、これからはもっと歳を取るから重傷化しやすいので、もっと慎重にならなくてはならないと反省した。

——野湯の疲れは温泉で

クルマを走らせて、千走川温泉に着いた。温泉で2日間の疲れを癒すことにしたのだ。島根県の秘湯・千原温泉とよく似た泉質で、土類系の濃いダシが効いた素晴らしいお湯だった。しかし、露天風呂ではこの期に及んでもアブの襲撃を食らってしまう。さらに、右足親指の内側に大きな水ぶくれができている。これを温存するのがいいのか、それとも、自分で針を刺して、中の水を抜けばいいのか、しばし悩んだ。ところが、現実はあまりにもシビアだった。湯上がりに建物の出口にある3段くらいの階段を、あっけなく踏み外してしまったのだ。その際、意図しない強制力を伴った圧迫作用で、ブチッ!! ブチュー!!っとなって、全てが終わった。何やら最後までツキに恵まれなかったが、今回はヒグマにも出会うことなく目的地へ到達し、無事に生還できたことを祝って、美味しいものでも食べようと画策するのだった。

04 日本一遠い秘湯へ…高天原温泉

――「日本一到達困難な野湯」の次は

まず正直に白状すると、恥ずかしながら、訪問する少し前まで「日本一遠い温泉」が存在するという事実を知らなかった。前月の8月11日に「日本一到達困難な野湯」である北海道の「金花湯」（片道21㎞）への到達に成功した。ここは「日本一遠い野湯」だ。しかし、人間にも同じことが言えるが、温泉にもさらに上がいる。登山者が利用する温泉なら八ヶ岳の「本沢《ほんざわ》温泉」や北アルプスの「白馬《ばやり》鑓温泉」が知られており、こちらは既に入湯済みだ。比較的遠いといわれる白馬《はく》鑓温泉でも数時間もあれば到達できる。ところが、同じようなアルピニスト系の温泉でも、鼻歌まじりのハイキングでは到達不可能な温泉があったのだ。それは、富山県にある秘境黒部の最奥部にひっそりと湧く「高天原温泉《たかまがはら》」である。

何しろ到達するために片道13時間以上もかかる。往復の全行程で3泊4日の山小屋泊が必要といわれるほど遠い。さらに、はじめこそ普通の登山道レベルだが、中間部（薬師沢小屋）より先は、峡谷のゴロゴロとした大岩が行く手を阻み、時に足がすくみそうな危険な箇所を命懸けで越えなくてはならない。入念な下調べと装備は必須で、さらにある程度の山岳経験と知識、体力、脚力、精神力、判断力といった自身の持つポテンシャルの全てを要求される。険しい現場と対峙した時、容赦なく試練を与える大自然との駆け引きと、弱くて挫けそうな自分との闘いが待っている。

それでも、私は「知ってしまったからには、到達するが我が人生」が信条なので、3カ月のダイエット（85→76kg）と筋肉トレでエセ肉体改造を行い、北海道から帰ってから、わずか20日後には、再び秘境の最奥部へ突入することにした。

ここで余談だが、私は山小屋の雰囲気こそ否定しないが、大金を払ってまで互いに寝床を共有することはしない。よって、いつも通りにテントとシュラフの装備に加え、歩荷訓練として4Lの水を持ち、装備重量を17kgにして挑んだ。おまけに日程が厳しいため、2泊3日へ短縮し、1日当たり10時間以上の歩行を3日間連続させるなど、徹底的に自分を追い込むことにした。だが、勢いに任せた結果は惨憺たるものであった。疲労困憊と登山靴の寿命による破損、それに伴う足の痛みで、目標こそ達成したものの、時間的には大きくオーバーしてしまった。幸いルート上ではきれいな水をふんだんに入手できるため、後半から歩荷の水を半分の2Lへ減らしたことを白状しておく。

――高天原温泉とは

【概要】

高天原温泉は、富山県富山市有峰黒部谷割にある温泉。飛騨山脈（北アルプス）水晶岳の麓、黒部川支流・温泉沢沿いの標高約2100mの場所に位置する。徒歩（登山）でしか行くことができず、またどの登山口からも距離があるため、1日でたどり着くことは困難。通常は途中の山小屋で1泊を要する。このようなアクセスの困難さゆえに「日本一遠い温泉」と呼ばれることもある。

↑富山市街
有峰ダム
有峰湖
真川
岩井谷
折立登山口
三角点
薬師岳
黒部川
太郎平小屋
薬師沢
薬師沢小屋
高天原峠
高天原温泉
高天原山荘
高天原
北ノ俣岳
アラスカ庭園
雲ノ平山荘
北ノ俣川
鷲羽岳
三俣山荘
黒部五郎岳
三俣蓮華
中ノ俣川
双六岳

【歴史】

昭和20年代頃まで操業していた大東鉱山のモリブデン鉱山が付近にあり、そこで働いていた作業員たちによって発見された。

【温泉】

現地に泉質の表示はないが、湯は白濁しており単純硫黄泉（硫化水素型）とされている。源泉をそのまま注いでいる露天風呂が沢沿いにあり、「からまつの湯」と呼ばれている。うち一つは囲いがあり女性用となっている。山中の温泉であり簡易な脱衣所しかない。石鹸やシャンプーなどは用意されていない（以上、ウィキペディアより）。

――登山用に有料道路に一番に並ぶ訳

２０１６（平成28）年9月某日。今回は「日本一遠い温泉」といわれる温泉へ行くため、登山地図を見ながら綿密な計画を立てた。東広島の会社を定時の17時30分にあがり、そのまま山陽道の高屋ＩＣから高速道路に乗った。中国道、舞鶴

若狭道、北陸道と順調に走って富山ＩＣで降り、有峰林道の亀谷《かめがい》ゲートへ2番目に到着した①②。ちなみに一番先頭は水戸から来たというO氏である。なぜ先を急ぐかというと、翌朝午前6時にゲートが開くが、登山口となる折立連絡所の駐車場が狭く、場合によっては路上駐車を余儀なくされる恐れがあるからだ。彼と少しばかり話してから仮眠を取った。

予想通り、翌朝には後ろに長蛇の車列ができていた。車中泊でわずか3時間あまりの仮眠しか取れなかったが、闘いの火蓋は切って落とされた。1番目のO氏がなかなか飛ばしてくれたので、折立連絡所にわずか20分あまりで着いてしまった。私も多少は運転の腕に覚えがあるので、お陰様で後ろのクルマがついてくることなく、余裕を持って登山口近くのベストポジションに駐車することができた。ここまでは完璧すぎるほどの行動だ。

③

④

――折立登山口
6時50分（0時間00分）標高1356m

そそくさと準備して6時50分に出発③④。いよいよ黒部最奥部への旅が始まった。しかし、のっけから急登の試練が続く。うすうす嫌な予感はしていたが、こちらを普通列車くらいのスピードに例えると、アスリートのような屈強な若者集団が新幹線並みのスピードで追い抜いていく。うーん、仕方ない。

しかし、その後はショックの連続だった。ベテラン高齢者や山ガールの特急列車にも抜かれてゆく。寝不足とテント装備の重量と登山靴の寿命末期という言い訳さえ虚しくなるほど、脚力の差を見せつけられた。普通のハイキングコースでは私が抜かれることはあり得ないのだが、黒部へ向かう人々の実力は、もはやエキスパートと呼ぶにふさわしい。

ゆえに自分の無力さを痛感しながら、薄暗い樹林帯のなか黙々と歩みを進めるしかなかった。完璧なはずの登山計画は開始早々から揺らぎ始めている。しばらく歩いていると、亀谷ゲートで一番前を取ったO氏と再会した。彼は薬師沢の源流へ釣りに来たというが、釣りにしては本格登山の行程である。ペースも私と同じくゆっくりで、薬師沢小屋まで様々な会話をしながら同行させてもらった。なにぶん私は本格登山は久しぶりで、しかも黒部は初入山ということもあり、多くの情報も得られて心強かった。

――三角点　8時37分（1時間47分）標高1870m

幾度かの小休止のあと、三角点というポイントに着いて休憩⑤⑥。標準タイムが1時間30分だから17分もオーバーしている。うーん、悲しいがマイペースを守ろう。完璧だと思った計画はここで無残にも滅び去った。

⑦

⑧

天気も見晴らしもよく、気温もグッと下がって気分は爽快そのもの。緩いアップダウンのあとに石畳の登りがだらだらと続く。途中、ガラガラ蛇みたいなデザインの棒が建っている。冬期に積雪量を測る計測棒だろう。相変わらずの登りだが、次第に身体が慣れてきたせいか、ようやくペースが上がってきた気がする。途中で幾人かを抜いたが、遅れていることには変わりない。

──太郎平小屋
12時10分（5時間20分）標高2330m

息を弾ませながら太郎平小屋に到着⑦⑧。標準タイムは4時間30分だから50分オーバーだ。けれど、もう気にしない。私は歩くのは遅いが、執拗な（?）性格のため、長時間歩くことには多少なりとも自信がある。ちょうどお昼時だったがノンビリできないので、コーヒーを沸かし、カロリーメイトを頬張ることしかできなかった。慌ただしく出

⑨

⑩

発したが、太郎平小屋からの下りの絶景に息を呑んだ。なんともダイナミックな山容だ。

だが、谷の下まで降りて行くのはもどかしい。目標は谷の向こう側に聳える山を乗り越え、さらに先に進まなくてはならない。所々に階段や梯子が設置されている急な下りが続く⑨。しっかり掴まれば大丈夫だと思うが、渡る前に梯子の状態や取り付け具合を自ら確認する。時に怪しい状態のものもあるので要注意だ。帰りにもう一度通ると思うと、いささか気が重くなる。高所恐怖症とまではいかないが、正直なところ高い所は好きではない。しかし、そんなことを言っている場合ではない。

ようやく薬師沢が見えた⑩。エメラルド色をした川底の美しさは、この世のものとは思えない素晴らしさだ。宝石店で大枚を叩く前にこれを一度見ておくと、不要になるかも知れない。パートナーに多少なりとも浪費癖があるなら、是非ここへ連れて来てみてはどうだろう？

――薬師沢小屋　14時40分
（7時間50分）　標高1920m

もったいない話だが、太郎平小屋から410mも下って薬師沢小屋に到着した⑪⑫⑬。周りの人の話の中では、どうやら地図に載っているコースタイムは健脚向きで、あてにならないという。プランは多少の余裕も持って作成したが、下りで稼いだぶん、40分オーバーにまで10分ほど短縮した。ここで今までお世話になったO氏とお別れ。彼はここで山小屋に泊まって沢で釣りをするそうだ。私は雲ノ平へ向けて吊り橋を渡って対岸から標識に書かれている通りに「直登」を開始した。

⑫

⑬

⑭

⑮

黒部で「急登」は当たり前だ。「直登」って何だ？　と思ったら、ガレた崖をそのまま登ることを意味していた⑭。「いったい何なのだ！　いきなりこんな梯子で崖を登れというのか？」思わずこんなことを口走った。今までの道が快適な舗装路だったと思えるほどの険しさで、もはや「山」ではなかった。人間大の大岩がゴロゴロした登りで、まさに地獄へ入り込んでしまった様相を呈している⑮。重い装備を放り出してしまいたくなるほどの厳しさだった。こんな登りが延々と続く。

　もう二度と通りたくないような修羅場で、汗が滝のように流れ、息はターボチャージャーで強制過給されたような状態。

⑯

⑰

これほど長くて酷い道は、いままでに経験したことがない。ここへ重装備を背負って3時間もぶっ続けで格闘したのだから、有森裕子が言った名言のように、自分で自分を褒めたくなった。

怒涛の直登と格闘してフラフラになりながら3時間後にようやく舗装路（木道）が現れた⑯。ここは高低差600mを一気に登る、黒部でも有名な難所。だが、この先の雲ノ平山荘まではまだ1時間半かかるのだ。さらにテン場（幕営地）までの20分を歩く必要がある。だいぶ日も傾いて薄暗くなってしまった。ふと、木道の脇にビバークの適地を見つけた。いったんは通り過ぎたが、森林に入ると懐中電灯を灯しても危険な薫りがプンプン漂っている。ここは決断を下さねばならない。基本的に国立公園内はキャンプ禁止なのだが、ビバークは緊急避難のためやむを得ない行為だ。無理を押しても、疲労による集中力の低下で思わぬ怪我をしかねないため致し方ないと判断。もはや当初の計画を2時間近くオーバーしており、つくづく自分の限界を思い知った。

――ビバーク地　18時40分（11時間50分）

テントに面する所の石を除去し、グランドシートを敷いて愛用のヒルバーグ・ソウロを張った⑰。幸いにして晴天かつ無風だ。もはやペグを打つ元気もなく、そのままマットとシュラフを広げて寝転んだ。疲労のため食欲はまったくない。日が落ちる頃には自分もすっかり落ちてしまった。

夜中の2時頃に目が覚めた。少しばかり空腹になったので、食べられなかったおにぎりとパンを食した。もうお湯を沸かすことさえ億劫になっていて、水だけで流し込む始末。結局、再びダウンし、気がついたのは5時にセットしたアラームが鳴ったときだった。

――2日目の出発　5時30分（0時間00分）

寒い朝だ。霜が降りるほどじゃないけれど、かなり冷え込んだ。急いでコーヒ

⑱

ーを沸かし、カロリーメイトを食べながら温まる。身体を冷やすと元気に歩けないので食事は重要だ。食べ終わってバタバタとテントを撤収する途中、一人初老の男性が通過していった。

相変わらず足は痛いが概ね元気になった。さあ、未だ見ぬ世界へ出発だ！　向かう方角の朝日がまぶしい⑱。

晴天は最高に嬉しいものだ。樹林帯が終わってアラスカ庭園と呼ばれる高層湿原の大地を軽快に進んだ。やっぱり山はいい！

こんな標高（２６００ｍ）まで登ったのは30年ぶりだ⑲。これでも富士山、八ヶ岳、南・北アルプスの経験はある。高校でも登山部に所属していたので合宿に

⑲

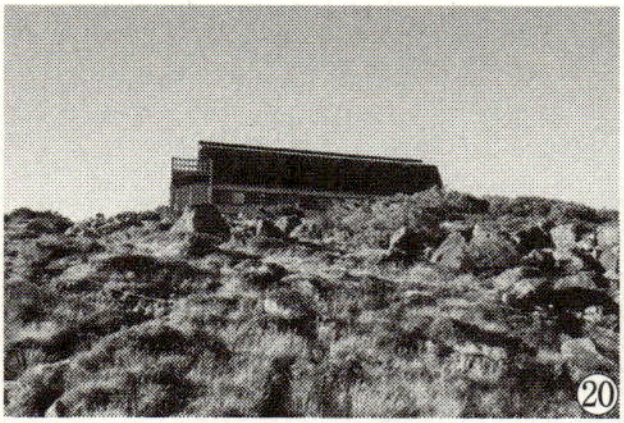
⑳

も行った。ただ、それもこれもみんな十代までの思い出だ。18歳でバイクに乗ってしまったので、30歳頃に利尻山へ登っただけで、本格的な登山は四半世紀くらいご無沙汰である。来年あたり手ごろなバイクでも買おうかな？　なんて思っていたが、もはや欲しくなくなった。これはもうバイクでは絶対に体験できない世界だ。すっかり山に魅せられてしまったのだ。

眼前に信じられないような美しい風景が広がった。崖の上に聳える孤高の雲ノ平山荘は、まさに神がかったような光景だった⑳。前日ここまで来る予定だったが、無理をしなくてよかった。夜中にフラフラになりながらたどり着いても何の感動もなかったはずだ。

――雲ノ平山荘
7時2分（1時間32分）標高2600m

何とセンスのよいおしゃれな建物だろうか㉑。ここは北

㉑

アルプスの最深部、黒部源流域の標高2600mにある大平原だ㉒。雲ノ平はその名の通り雲に覆われ、視界がきかないことが多いらしいが、どっこい快晴の力で、日本とは思えない絶景を瞼に焼きつけた。

いつかは宿泊したいと思った雲ノ平山荘とお別れして、一路高天原温泉に向けて歩みを進めた。標高2750mの頂に聳える電波中継塔が今回の最高地点になった。ドコモの中継塔らしく、長らく圏外だったが、私のAUでも弱いながらもメールの送受信ができた。ところが……。

女房からショッキングなメールが届いた。隣の長野県に住む私の母親（2017年1月22日没）が、末期の胃がんであ

㉒

るという連絡だった。今すぐにでも駆けつけたいが、ここは黒部の最奥部でどうにもならない。下山まで丸2日はかかる。女房に、広島の自宅へ帰る前に実家へ寄るので帰宅が1日遅れると返した。しばらく呆然としていたが、とにかく目指す温泉はあと2時間あまりで着く予定だ。

高天原峠までの道はお花畑で㉓㉔、何とも癒されるメルヘンチックな道だが、考えることは、母親と幼少期に出かけた山のことばかり。いつも花を見かけると名前を教えてくれた。自然に汗と涙が混じってぐちゃぐちゃになった。やがて長い梯子の急な下りに差しかかった㉕。いささか視界が悪いが、「一歩一歩を確実に」を合言葉にていねいに降りて行く。

㉓

㉔

㉕

㉖

久しぶりに沢に出たので給水した㉖。冷たくてすこぶる気持ちがいい。ここは秘境の黒部だ。下山するまでは安全のため、ひとまず母親のことを考えるのを封印した。山岳救助のヘリが頭上を飛んで行った。

――高天原峠　9時30分
（4時間00分）標高2250m

10分休憩の後で出発。ここは温泉の帰りにも通るので、よっぽど荷物をデポして（置いて）行こうと考えたが、他に誰もそんなことをしている様子はない。ここはそのまま背負って行くことにした。

高天原峠から樹林帯を下って行くと、突然目の前が開けた。何という解放感だ

㉗

ろうか。背負った荷物の重さを忘れてしまいそうだ。ここまで素晴らしい景色を見せつけられると、行きたいと思っていたカナディアンロッキーのバンフなど、もはやオーロラ観察というアドバンテージを残すだけになった。

――高天原山荘 10時45分（5時間15分）

高天原山荘に着いた㉗㉘㉙。瀟洒な風情が微笑ましい山小屋は雰囲気抜群だ。疲れた足を休めながら、カロリーメイトとコーヒーで簡単な昼食をとる。高天原温泉は小屋から15分ほど下っていく。清掃協力金として300円を募金箱に入れる形式だ。善意に委ねるところが奥ゆか

㉘

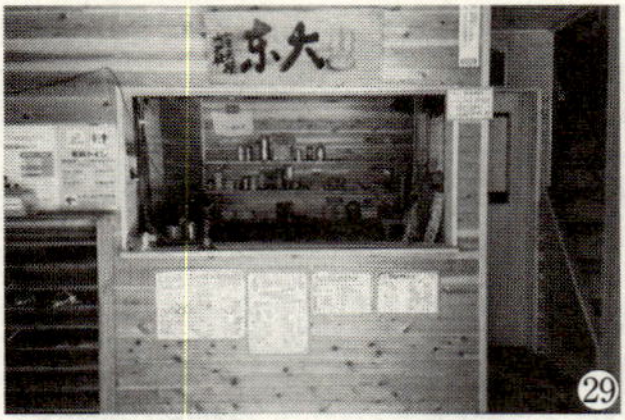
㉙

しい。いよいよ目的の日本一遠い温泉へ向かうとしよう！

高天原温泉からまつの湯
――12時47分（7時間17分）

とうとうやって来た！㉚㉛「日本一遠い温泉」を制覇したのだ。前日は11時間50分、ビバーク後の今日は7時間17分だから合計19時間7分をかけてようやくたどり着いた。本当に遠かった。

浴槽は最近になって上流側へ新しくできた所と合わせて4カ所ある。一番大きくてメジャーな「からまつの湯」がもっとも硫黄が濃い様子。かき回すと真っ白な湯の華が舞い上がる！　湯温も40℃くらいで丁度いい。こんなに気持ちのいい温泉なのだが、誰もが到達できるものではない。山を知る健脚な人しか到達できない「アルピニスト限定温泉」といえよう。とはいえ、私のように健脚でなくても、時間と執念さえあれば、何とかたどり着けることを証明し

㉚

㉛

たことが一番嬉しかった。だって地図に記された歩行時間を6時間もオーバーしているのだから！　川向こうの下流側にあるこじんまりした浴槽にコバルトブルーに染まったお湯が溜められており、これが最も気持ちがよかった。39℃くらいの長湯向けで、とにかく頭の中が真っ白になった。

そして上流側の湯は大き目の浴槽だが硫黄は薄目。けれども、さっぱりした感じでなかなかの湯だ。薬師岳のロケーションを望むワイルドさが堪らない。まさに眺望に長けた湯になっていた。

こんな調子で過ごしていたが、後の日程を考えると、そろそろ帰途に就かなければならない。まして実家へ立ち寄りたいので、ゆっくりしていられない。温泉を堪能し、再び高天原山荘へ戻って小休憩。ここまでは緩い登りだが、湯上りのためかダレてしまった。まずい、この先も長いというのに、行く先が思いやられる。

――高天原峠　17時00分（11時間30分）

ようやく登りが終わった。あとは下るだけだ。予定より5時間近くも遅れているため、当初計画していた太郎平小屋は諦めて薬師沢小屋で宿泊することにした。しかし、黒部は甘くはなかった。E沢、D沢、C沢と逆アルファベット順に沢をトラバースして行くが、ここで20年越しの登山靴に危機が訪れた。本体とソールの間に隙間ができて、いつ剥がれてもおかしくない状況になっていた。すでに横方向のホールドはグニャグニャで、もはやスニーカーと変わらない状態だった。左足の内側が痛んでいる。20日前の金花湯を成功させたことで下手な自信をつけていた。しかしその裏で、登山靴は寿命を全うしようとしていたのだ。完全な準備不足である。ましてここまで険しい黒部でやらかすとは情けないばかりだ。

　熊の絵が描かれたユニークな看板でB沢に着いたことを知る㉜㉝。もう少しで黒部川の本流に合流できる。これで沢ごとに訪れるアップダウンから解放されると思い、心も落ち着いた。やがて黒部川と合流した。B沢出合という所だ㉞。もう体も足もガタガタになっていた。すでに18時を回っている。ここから薬師沢小屋までのコースタイムは1時間半となっているが、どうやら日没までには

㉜

㉝

㉞

無理そうだ。ヘッドライトを点けて20時の到着を目指して進むことにした。

今朝は5時30分に出発し、休憩を入れて12時間以上も歩き続けてかなり疲労していた。敵は自然ではなく自分自身の弱さが最大の敵だと思っていたが、黒部は猛獣のような牙を剝き出しにして容赦なく襲いかかってくる。川沿いとはいえ、やたら大きな岩がゴロゴロとしている道なき道をたどるコースになっていた。これが聞きしに勝る「大東新道」であった。ちなみに黒部で「新道」とつくのは険しい道の代名詞という。自然環境の激変で何年かおきに幾度もルートが変わるため、「○○新道」と名づけられるのだろう。

川の淵が入り込んでいる所は、大岩を梯子でよじ登って高巻きをしなくてはならない。近道だからといってむやみに渡渉して登山靴をバケツ状態にしたら最悪だ。しかも、今の登山靴の状態を考えると、簡単にソールを剝がしてしまうに違いない。一気に20mくらいの高さへよじ登っていくが、一つ間違えると命に関わるので、慎重さと同時に覚悟も求められる。

こうして本流をたどりながら最後のA沢を横断した。ここがガレガレの状態で、気象の急変時には要注意のポイントだ。雨に降られると土石流になることも多く、過去に幾度もルートが変わったという。この先、大岩の割れ目に身体を突っ込んで、両腕の力で荷物込みの全身を持ち上げなければならない箇所など、アスレチックジムのようで度肝を抜かれた。正規のルートには、岩にペイントされた赤い○印が付いている。これを見逃して逸脱してはならない。いくらルートファインディングに自信があっても、正規のルートは必ず守ることを肝に銘じた。決して焦ってはいけない。「一歩一歩を確実に」を合言葉にゆっくりと進む。束の間の楽をしようと眼が眩み、エイヤの博打的な行動で、毎年のように命を落とす人が絶えない危険地帯なのだから。

――なんと2日目の晩もビバーク

完全に日が暮れてしまった。薬師沢小屋まであと1時間はかかりそうだし、こ

㉟

れ以上は危険行為にほかならない。潔く諦めてビバークしよう。ヘッドライトで照らす視界は限定的だが、なるべく平地で落石を避けられそうなポイントを探した。ようやく人一人が寝そべられる平地を見つけて安堵する。もう14時間以上も歩いてしまい、完全に限界を超えている。すでにテントを張る体力も気力も残っていない。マットを敷いてシュラフへと、着の身着のまま潜るだけでもう精一杯だ。もう気を失ったように眠った。こうしてビバークを2日続けることになったが、山小屋代が2泊分も浮いたなんて、うすら喜ぶのは下山した後の話でしかない。それよりも反省すべきは計画の甘さ、体力のなさ、老朽化した靴、無駄なほど重い装備、そして32年前とはいえ元登山部のプライドによる精神的な追い込みだろう。

翌朝は4時に目覚めた㉟。前夜は20時30分頃に何も食べられずにダウンしてしまったので、さすがにお腹が空いた。幸いにして食糧は大量に持っている。どんな状況でもぐっすり寝て食べれば必ず生還できるはずだ。ラーメンとさんまの蒲焼缶詰とカロリーメイト。めちゃくちゃなメニューだが、いちいち考えている余裕なんてない。いそいそと食べて撤収。テントがないので、起床からわずか30分で出発できた。

——3日目出発　4時30分（0時間00分）

安定感のないゴロ石、行く手を阻む大岩、そして滑落したら水面まで20mはあろうかという高巻き。もう、一級の障害物レースと化した。ホールドのない靴に足を痛めながら、死に物狂いでおよそ1時間半後にようやく薬師沢小屋にたどり着いた。

一息ついていると、2日前にここでお別れしたO氏と再会した。お互いに無事を喜んだ。彼も目的の源流で釣りを満喫したそうで、これから私と同じ行程を戻るという。同行を誘われたが、私のほうは情けないことに満身創痍な状態。とてもついて行けそうにないので、お先に行ってもらうことにした。

——薬師沢小屋　7時00分（2時間30分）

その後、十数分くらいダラダラしてから、往きに来た道の太郎平小屋方面へ出発。急登になるが、雲ノ平への直登に比べればまだマシだ。登り終わると所々に休憩ポイントがある。学名「クロベ」（黒檜。黒部峡谷に多いことから名づけられた）が林立する熊笹の広場で休憩する。好天に恵まれ、整備された木道も歩きやすく、左足の痛みも少しばかりはごまかせそうに思えた。

——太郎平小屋　11時15分（6時間45分）

ようやく一般的な登山者のいる太郎平に着いた。厳しい道から解放されたせいか、体調が回復してきた。お腹も空いて昼飯が食べたくなった。ＭＳＲのバーナー、ドラゴンフライにラージメスティンのコッヘルの組み合わせは最強だ。パック飯とレトルトカレーを一気に作ることができるのである。こんな荷物ばかり持っているので重量が嵩んでしまったが、今時こんな装備で山を歩く人は少ない。

おまけに持参したキンカンはガラスの大瓶だ。これはウナコーワの軽量プラ小瓶を持って行こうとしたら、カミサンと喧嘩になり、「私のウナ持っていくな！」の一言でコレ。めちゃくちゃ悔しいので意地で持ってきた重量物だ。ここまで来ると、まさに登山マゾヒズムの真骨頂である。

荷物の整理を終え、折立連絡所へ向けて下山することにした。しかし、下山の途中で雨に降られた。雨具を着込み、滑りやすい道を下っていく。幸いにして転倒することはなかったが、全身ずぶ濡れ。カメラを出す余裕もなく黙々と下った。後ろから、折立を14時に出発するバスに間に合おうとする人たちに抜かれながら、比較的ペースのゆっくりしたお年寄り集団のしんがりを務めることにした。仙台から来たというパーティーで、お互いに色々とお話をしながら進んだ。そして15時30分頃にようやく折立の登山口へ無事到着した。

自販機を見つけた。炭酸が飲みたかったが、あいにくコーラは売り切れ。アクエリアスを喉に流し込んだ。いやー、充実しました、お疲れさま！　今回の山行は単に温泉だけが目的ではなく、利尻山以来20年ぶりの本格的な登山も目的だった。装備と体力が不安だったが、ほとんど根性論で突き進んだことは否めない。これは、あと数年後には効かない技であろう。次回までに基礎体力をつけ、装備を見直し、変な意地で重量物も持たないようにして、万全な体制で臨みたいと思う。瞼に焼きついたあの絶景を、一生に一度だけにするのはもったいない！

――下山後、即、実家へ……

クルマに戻って、ソールが剥がれずに何とか持ってくれた登山靴をサンダルに履き替え、荷物を放り込んで運転席に座った。しばらく無心になってから、母親のことを考えた。これから広島へ帰宅するのではなく、ひとまず長野の実家へ向かう。しかし、富山県から長野県へは隣県といえども一筋縄では行かない。有峰林道で岐阜県の神岡へ出て、国道471号で平湯を回り、安房《あぼう》トンネルを抜けて国道158号で松本へ抜けた。長野道と中央道を使って諏訪ICで降り、夕刻になって原村の実家へ到着した。

久しぶりに見る母親は気丈に振舞っていた。しかし、これからのことについて覚悟するように諭される。病名は「スキルス性胃がん・ステージ5」。もはや医者にも神にも助けられる状態ではなかった。あんなに元気だったのに……。翌日、広島へ帰った。その後、入退院を繰り返し、私も広島から長野に通った。4カ月後、年明けの1月22日に息を引き取った。享年82歳。これで7年前の父親に続いてとうとう両親を失った。今まで長きに渡り、こんな放浪息子のために、あれこれ心労をかけて申し訳ありませんでした。本当に長い間ありがとうございました。

05

ついに海外へ！台湾の秘境駅訪問旅

——日本を飛び出す秘境駅趣味

私は近年、鉄道の旅人として悩ましい日々を送っていた。国内のＪＲ線は完乗した。私のライフワークである「秘境駅訪問」も、鉄道だけでなくクルマやオートバイなどの手段を含めて終了した。魅力ある列車といえば、大好きだったブルートレインだけでなく、最後の夜行急行「はまなす」まで廃止された。代わりに目の玉が飛び出さんばかりのお金を必要とされる、豪華寝台列車がもてはやされている。今日の鉄道旅行は、一部のお金持ち以外はスピードと合理化という波に飲まれている状態といえよう。

かつて私はオフロードバイクで全国の林道を野宿しながら走っていたが、舗装化と自然保護により通行禁止になって行き場を失った。その悪夢が、今まさに蘇ってきた。本当に無機質で嫌な時代になったものである。

さて、私は旅に関してはハングリーなタイプであると自負している。しかし、ことは海外旅行である。英語は単語こそ覚えていれば何とかなると思い込んでいたが、いざ現地で説明しようとしても稚拙な文法ではなかなか通じず、ただ尻込みするばかり。それは私を含め、多くの日本人が同じ思いを抱いているに違いない（いや、そう思いたい）。ならば最初から英語など通じない所へ行けばいいのだ。お隣の台湾なら意思疎通は漢字の筆談でどうにでもなろう。人生は挑戦するからこそ価値があるのだ！

……と、偉そうに自分を鼓舞するが、正直なところ内心ドキドキである。これでも鉄道ファンの端くれだから、時刻表の読み方や列車の乗り方など大方は理解できる。細かい点は、現地の人を観察して、真似をすればなんとかなるだろう。

——旅程1日目　2016年3月18日
広島の自宅から左營（ズゥオーイン）の宿まで

早朝、広島の自宅をクルマで出発。中国道の高田ICから九州道の須恵PAのETC出口までひたすら走り、福岡空港国際線ターミナルの駐車場へ昼過ぎに到着。搭乗するのはタイガーエアというLCC（ローコストキャリア）で、往復1万7500円という格安のフライトだ。出発までは時間があるけれど、早めに空港内のチェックカウンターで座席を指定してもらう。その後、手荷物検査を済ませようと列に並んでいたところ、大陸の方と思われる婆さんの集団に割り込まれたり、大声で叫び回る爺さんに翻弄されたり……。行く先があんな人たちばかりだったらどうしようかと少しばかり心配になってくる。

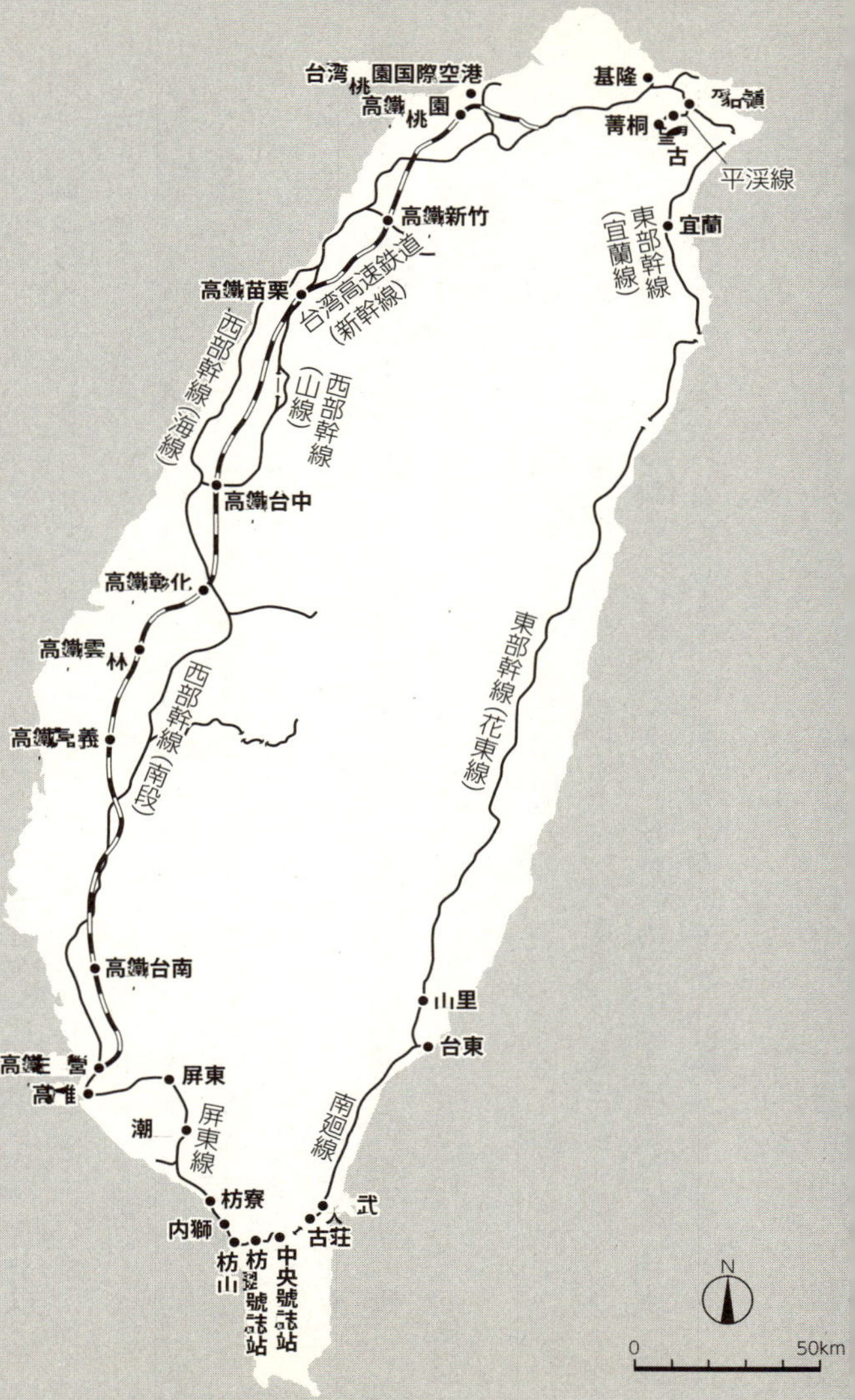

台湾桃園国際空港
高鐵桃園
基隆
菁桐
平渓線
宜蘭
東部幹線（宜蘭線）
高鐵新竹
台湾高速鉄道（新幹線）
高鐵苗栗
西部幹線（海線）
西部幹線（山線）
高鐵台中
高鐵彰化
高鐵雲林
西部幹線（南段）
東部幹線（花東線）
高鐵台南
山里
台東
屏東
屏東線
南廻線
潮
枋寮
内獅
枋山
中央號誌站
武
古莊
N
0
50km

出発は15時55分だが、16時過ぎに無事に機内に入り、LCC特有の、前の座席と膝が密着する狭いピッチに身もだえしながら何とか自席に滑り込んだ。滑走までの順番待ちが長く、ようやく離陸。その後、かなり強い揺れとともに乱気流に巻き込まれた。そのせいか、後は何やらエンジンの出力を低くして、タラタラと飛んでいる様子。余分な燃料は一切使わないといった方針だろうか？

やはり予感は当たって、桃園（タオユェン）空港には、予定時刻の18時10分どころか19時20分過ぎにようやく着陸。1時間以上も遅れたうえに、イミグレーションは長蛇の列。さらに、高鐵（新幹線）桃園站（駅）までのバスも延々と並んで2台も見送り、予定していた列車には乗れずじまい。予想外なことが次から次へと襲ってくる。これと比べると、日本という国は本当に恵まれているんだなあと実感する。

さらに試練は続く。高鐵桃園站の出札口でも長蛇の列。ようやく順番が来て5日間乗り放題の「高鐵台鐵・特級ジョイントパス」の引き換え証とパスポートを提示して周遊チケットを無事に得た。しかし、新幹線の座席指定が取れず、後続の新幹線（891次）へ乗車した①。実際は席が空いていれば座れること、さらに自由席車があると知ったのは後の話だ。

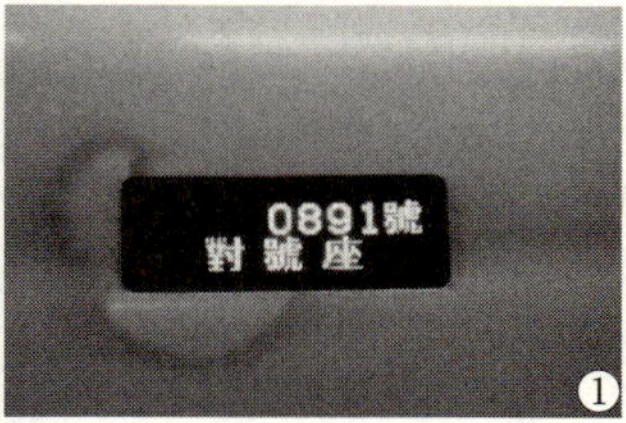

①

②

その台湾新幹線は、日本の700系がベースだ。軌道の状態もすこぶるよく、至極快適で終点の高鐵左營站に到着。今夜は「ドームイン・ナイン・ナイツ」という格安宿だ。そこは地下鉄の生態園區站に近いが、面倒だし疲れていたのでタクシーで行くことにした。

だが、運転手に地図を見せても「?」という表情。こちらも不安になるが、「OK」というので乗車。ちょうど100元で着くが、どうやらそこはラブホテルの様子。その宿の人につたない英語で聞くと、どうやら近所らしく、交差点の向こう側だというから、歩いて行くが看板もなく、何だかさっぱり解らない。既に23時40分になっている。午前0時で予約が流れるから本当に焦ってきた。異国の地に来ていきなり宿なしになる危機に立たされた。

ふと顔を上げると大きな建物が見える。そこは何と警察署だった。そそくさと飛びこんで、あれこれ事情を説明。警察官がホテルの連絡先に電話してくれて、さらに一緒に連れて行ってくれた。宿は警察署から100mくらいの所で、大衆食堂の2階にあって非常にわかりづらい。なぜならば、入口の黒い扉に小さく「NINE NIGHTS」と書いてあるだけなのだ②。実際に先ほど通り過ぎた所だから余計に落胆する。宿主へ連絡していただいた警察官にドアのセキュリティ番号を押して開けてもらい、ようやく部屋に入ることができた。中は割合広くて快適だったが、街中のため外はうるさめ。蒸し暑いし、肉体的にも精神的にもグダグダで、シャワーを浴びてからは泥のように眠った。

――旅程2日目　2016年3月19日　新左營から瑞穂（ルイスイ）の温泉宿へ

前夜のドタバタ劇の興奮も冷めやらぬ、朝5時30分に起床。5時間くらいしか眠れていないが、前夜のような行列は嫌だから、早めの行動に出ることにする。今日こそは無事にと祈りながらも、天使は微笑むどころか、私を地獄へ突き落とそうとしているのか、このあととんでもないことが待ち受けていた。

③

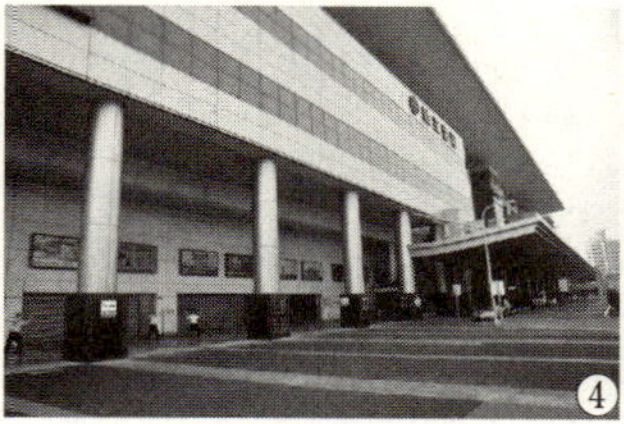
④

宿を出て、地下鉄の生態園區站へ3分ほど歩く③。新しい路線なのか最近できたような様子。エスカレーターを降りると、ここが高鐵左營站の隣であることが判明。運賃（20元）を確認して自動券売機にお金を入れると、切符の代わりに紺色のプラスチックのコインが出てきた。ICチップが埋め込まれているようで、これを自動改札機の指定された反応部に当てると改札のバーが開く仕組みだ。改札を出るときにはコイン投入口に入れるとバーが開くようになっている。そのコイン、記念に貰えるかどうかは知らないが、ゲームのコインのようで、コレクション的な欲求など起こるべくもない。

列車はホームドアなので写真は撮れなかったが、何の変哲もない地下鉄だ。私は都会の鉄道にさしたる興味はないのでそのままスルー。すぐに台鐵の新左營站へと着いた④。ちなみに、高鐵の左營站とは連絡しているが、台鐵の左營站は隣にある別の駅だ。会社が違うので紛らわしく、台鐵の左營站はまさ

⑤

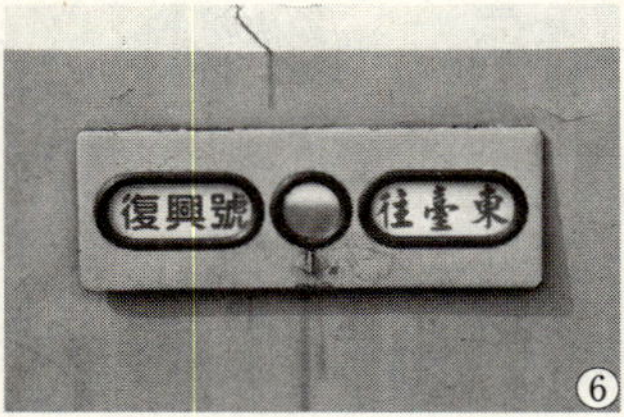

⑥

に初心者泣かせの名称である。

　今日は在来線の台鐵に乗るため、早速窓口で特急の自強（ズーチャン）號や普悠瑪（プユマ）號の座席指定をお願いした。ところが、スーパー特急の普悠瑪號４１１次の瑞穂→宜蘭（イーラン）の指定が一杯で取れないという。この列車と太魯閣（タロコ）號は基本的に全指定で立席券は発行されない。従って1本前の自強號４０７次にするが、時刻表を取りだそうと焦ってザック開けようと振り返った際、カメラ（ニコンＤ３００＋16－85㎜のＶＲズーム）が落下！　あたりにガラス片が飛び散った。初めてのカメラ落下事件でショックのあまり全身から血の気が引いた。被害はレンズフィルターのみでレンズそのものは無事なのは不幸中の幸いか。カメラ本体の動作にも影響はないようで、ミラー上のゴミも数回の空撮りで飛んだ様子。幸いにして生レンズで撮影が続けられること、そして金銭的にもＤ７００の予備機となる10年選手で、個人的にはほぼ減価償却

⑦

⑧

済みであったことが救いであった。

カメラ落下事件を悔やんでも、時間は待ってはくれない。先発の自強號（４０７次）も残り1席しかなく何とか確保。さすがに休日とあって混雑している。さっそくホームに上がって乗車予定の復興（フーシン）號７８１次に乗車⑤⑥。ブレーキのエアーがシュウと抜け、並形自動連結器のショックとともに、ゆっくり静かに走り出す、この何とも言えないジェントルな所作に鉄道ファンとして全身に満足感が漲っていく。

市の中心である高雄（カオシュン）、屏東（ピントン）、潮州（チャオツォウ）などに停車しながら南下する。そして、かつて日本統治時代に最南端駅であった枋寮（ファンリャオ）で下車⑦⑧。ここまでは屏東線だったが、先は険しい中央山脈を越える南廻線だ。何でも８０７０ｍの中央トンネルは難工事を極め、開通したのは１９９１年で、つい四半世紀前のこと。台湾が鉄道で一周できるようになっ

⑨

⑩

たのは近年のことだ。

ここからは各駅停車（普快車（プークワイチャー）・区間車）が1日あたり2往復しかないため、タクシー利用も致し方ない。枋寮からタクシーに乗り、内獅（ネイシー）站へ向かい、写真を撮ってから枋山（ファンシャン）站で下車する行程を、タクシーの運転手へ筆談とジェスチャーで無事に伝えることができた。奇妙な自信がついてしまうが、決して語学力が向上した訳ではないので、調子に乗らぬように自戒したい。

内獅站⑨⑩⑪⑫は、早速ながら日本の秘境駅ランキングを基準に採点してみると、駅の周りに10軒以上の人家があること（秘境度1）、自然豊かだが、山間という風情ではなく、普通の荒れ地（雰囲気1）。列車の停車は1日あたり上り2本、下り2本と極めて少ない（列車到達難易度18）。外界からのアクセスは国道から入ってすぐのため容易（外部到達難易度1）。駅舎は大きめだが廃墟。側線こ

⑪

⑫

そあるが目ぼしい鉄道遺産的な要素は見られない（鉄道遺産指数2）。総合評価の合計は23ポイントで、順位的には101～105位に達する。これを日本の秘境駅に当てはめると、ロケーション的には、羽越本線の桂根駅のようなものだ。海が見える開放的な雰囲気は素晴らしかった。

──台湾ナンバーワンの秘境駅の雰囲気は？

次にいよいよ台湾ナンバーワンの秘境駅といわれる枋山站に向かう。何をもってナンバーワンなのかというと、実は台湾にも、「鐵猫さん」という私のような秘境駅訪問家がいて、日本の小幌《こぼろ》駅や坪尻駅をも訪れている。私は彼から貴重な情報を得るだけではなく、その行動力に感激し、今回の旅を決断したのである。ちなみに先ほど訪れた内獅站は、彼の台湾秘境駅ランキングでは7位である（当時）。タクシーは片側2車線の国道を左折し、突然狭い急坂を上り始めた。屈曲した道を登りつめた所に、大きな郊外型レストハウスのような立派な駅舎と大きなロータリーが見えた。

ここが枋山站だった⑬⑭⑮⑯⑰。3月半ばとはいえ、気温30℃の蒸し暑いなか、

⑬

⑭

⑮

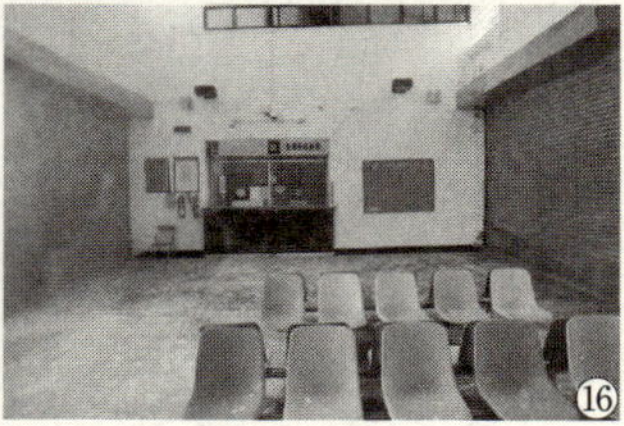

⑯

⑰

とうとう台湾最南端の駅に到達した。ここからは普快車3671次に乗るため、タクシーに別れを告げる。まだ時間があるため、ゆっくりと散策する。

　まず秘境駅調査のランキング視点で紹介すると、付近に人家は見えないが、決して無人地帯ではない（秘境度6）。自然豊かでマンゴー畑などが散在し、駅の

⑱

⑲

すぐ脇は霊園と見られる（雰囲気6）。列車の停車は1日あたり上り2本下り2本のみでかなり厳しい（列車到達難易度18）。駅までの車道は屈曲する急坂だが舗装路である（外部到達難易度6）。駅舎は立派だが廃墟っぷりは素晴らしい。路線も新しく、鉄道遺産ランクでは古い側線跡が残る（鉄道遺産指数3）。総合評価の合計は39ポイントとなり、順位的には48位になる。しかしながら、ロケーション的には判断が難しく、強いていえば日高本線の浜田浦か浜厚真《はまあつま》クラスに該当しそうだ。

こうして見ると、改めて日本の秘境駅のレベルが高いことを認識した。駅の施設が廃墟であっても立派過ぎて、北海道の簡素な板張りホームとうら寂れた待合室が作り出す雰囲気には足元にも及ばない。ここは敢えて厳しい判断を下しておきたい。

地下連絡道をくぐってホームに上がる。時折、特急自強號⑱や急行莒光（ジューグアン）號⑲などが高速で通過するので注意だ。特に莒光號や普快車を牽引するR１００形の電気式ディーゼル機関車（アメリカ製）は物凄い轟音で大迫力ものだ。

コンクリート製の立派な上屋を通り過ぎると青空が広がり実に気持ちがいい。農家の人が木に消毒液を噴霧していたが、しばらくしてどこかへ行ってしまった。その後、クルマでやってきた人に中国語で声をかけられたが、まったく解らず「シェシェー、リーベン！」（「すみません、日本人です」）みたいな言葉を返すとどこかへ行ってしまった。情けない話だが、旅の目的が人的交流ではなく、秘境駅訪問なので勘弁して欲しいところだ。こんな調子で、しばらく時間をつぶしていると、乗車予定の普快車３６７１次がやって来た。

旧型客車ゆえに手動のドアを開けると、まさにタイムスリップしたかのようなレトロな車内が待っていた。車内は非冷房で扇風機がついている。窓が開いているためさほど暑くはない。

鉄道マニア垂涎の特等デッキに向かう。がらんどうの貫通路は安全対策と思わしき鉄棒と鎖だけ。30年ほど前は日本でもこのような列車がたくさん走っていたが、一部の私鉄を除いて絶滅している。しかし、お隣の台湾ではこうして現役で走っているのだ。こうした旧型客車も南廻線の1往復だけで、他は全て引退して

しまい、風前の灯である。もしかしたら、来年は走っていない可能性もあるので、乗りたい方は急いだほうがよい。

枋山站を発車すると、険しい中央山脈越えに挑む。しかし、ループやスイッチバックといった古典的な手法ではなく、８０７０ｍにおよぶ中央トンネルをはじめとする、数々の長大トンネルで潜り抜ける。南廻線は全長97・１５㎞のうち、トンネル区間が38・９㎞も占める近代路線だ。旧式のディーゼル機関車が急勾配にあえぐ姿を期待していたが、亜熱帯森林のなかを軽快に走る。幾つかのトンネルで山を越えると、ポイントが現れゆっくりと停車した。

ここが秘境信号場の枋野（ファンイエ

㉑

㉒

㉓

㉔

ー）號誌站（信号場）だ⑳㉑㉒。基本的には乗降できないが、台東駅の自動券売機に「枋野」のボタンがある。実に不思議な存在だが、昔の日本でも北海道の信号場（常紋、上越《かみこし》、神路など）では非公式ながら乗降を取扱った記録がある。ここも、そのような場所のようだ。

信号場には鉄道職員が常駐しているが、そこで飼われているのか、あたりに多くの犬が遊んでいた。とある一匹が線路に入ってしまったが、職員は躊躇なくバラストの石を投げつけて追い払っている。キャンキャンと漫画みたいな声で退散していく、情けない犬の姿が微笑ましかった。そのうち対向する自強號が来て列車交換する。あっけなく通過していくかと

©山下以登

実業之日本社文庫

実業之日本社文庫

http://www.j-n.co.jp/

思いきや、いったん停車してから発車していった。

しばらくして中央（チァタゥ）號誌站を通過する㉕。ここには職員は常駐せず、信号やポイントは先ほどの枋野號誌站から遠隔操作されている。まさしく台湾ナンバーワンの秘境信号場である。だが、到達はほぼ不可能。地図で確認すると延々と林道らしきものが続いているが、どうやら自然保護区のため一般人は立ち入りが禁止されているらしい。日本人で許可を得て入った方もいるらしいが、中国語がまったくできないゆえに諦めざるを得ない。非常に気になるスポットである。

㉕

さらにもう一つ廃止された信号場を通過する。菩安（プーアン）號誌站といい、中央トンネルが当初は単線の予定だったため、線路容量（走れる列車の本数）を上げるために建設されたものだという。しかし、途中で複線に計画変更され必要なくなった。付近に人家もなく、駅としての利用客も見込めないので廃止された。中央とこの菩安が、もしも站になっていたら間違いなく台湾で1、2を争うハイレベルな秘境駅になっていたかと思うと非常に残念である。

㉖

㉗

㉘

㉙

しばらくぶりに站に停車。今回はスケジュールの関係でこの古荘（クージュアン）站㉖での乗降は叶わなかったが、ここも内獅や枋山と同じく1日あたり2往復しか停車しない秘境駅だ。鐵猫さんランキングでも4位になるので期待される。次回は必ず訪れようと心に刻みながら、車内からゆっくりと見送った。ちなみに、隣の大武（ダーウー）站では、特急自強號や急行莒光號が停車するため、3・5㎞ほどを歩くか、タクシー（たぶん120元程度）で訪問することも可能だろう。こうした駅間歩きも、少ない停車本数を克服するには止むを得まい。

　大武で今回初めてディーゼル特急の自強號に乗車する㉗㉘㉙。車内は通常の2

㉚

㉛

㉜

㉝

＋2列のリクライニングシートで、エンジンの騒音を除けば概ね快適。途中の金崙（ジンルン）、知本（ジーベン）といった温泉地に寄りたい気持ちを抑えて台東（タイトン）で下車㉚㉛㉜。待合室で売られていた駅弁（パイコー飯）を食べるが、これがめちゃくちゃ旨い。脂っぽい肉かと思いきや、独特のスパイス（八角）のせいかスッキリしている。何より飯がモチモチしていて、まるでコシヒカリのようだ。食欲に負けて写真を失念したが、かけ紙に「池上便當」とあり、80元（日本円で320円）程度なのでリピーターになりそうだ。

　台東から区間車㉝に乗って隣の山里（シャンリー）站で下車㉞㉟㊱。台湾でも

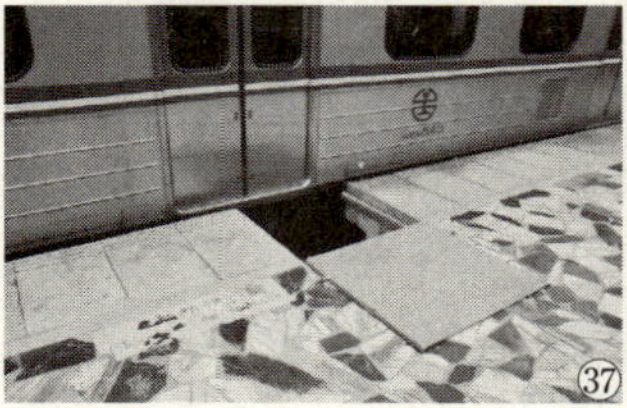

有名な秘境駅で、途中下車を楽しむ人たちをちらほら見かける。対向式の2面ホームだが跨線橋はなく、構内踏切も整備中の様子。駅員によって鉄の蓋をしたホームの切り欠き部が開けられ、内部の階段を通行するかたちだ㊲。そのため、基本的に列車の乗降時以外は、ホームへ立ち入ることが禁止されてはいるが、駅舎側のホームには散策する人もいる。規則が緩いのだろう。

駅を出るとのどかな農村で秘境といった風情は薄い。主要道から離れているため、雰囲気こそいいが、地元の方と観光客の姿がほぼ半分といった割合で、常に人の姿が見られる。列車の停車本数は1日あたり7往復と少ないが、日本の秘境

㊳

㊴

駅レベルで判断するには、及第点に届かないため、ランク外と判断される。鐵猫さんランキングでは堂々の3位になるが、感覚の違いは明らかであると言わざるを得ない。

今回の旅のプランで、この山里站のすぐ脇に鉄道職員用の官舎跡を利用した宿㊳があることを知って宿泊したいと思っていたが、連絡手段が全くわからないため諦めた。そして現地に来て初めて廃業していることを知った。とても残念だった。その後、再び区間車に乗って台東へ戻り、自強號435次で瑞穂站で下車。駅前のレストランで夕食のあと、タクシーで郊外の原郷（ユアンヒシャン）温泉という温泉旅館へと向かった㊴。

——旅程3日目　2016年3月20日
瑞穂から北投（ペイトゥ）温泉へ

原郷温泉では部屋風呂に引かれた温泉を楽しんだ。泉質は塩分の強い鉄泉で、日本の有馬温泉の金泉《きんせん》と瓜二つだとか。塩分が濃いせいか、湯上がりがベトつくのが気になるが、温浴効果は抜群で、身体の火照りがなかなか収まらないほど強力な湯であった。

翌朝、当初の予定だった8時59分発の普悠瑪號411次は残念ながら指定席が取れなかったため、1本早い7時47分発の自強號407次で北上することになった。宿の朝食は、時間が8時からと遅いためもあり、残念ながら見送ることに。宿の送迎車で駅まで送っていただき、コンビニでサンドイッチを調達する。しかし、硬いパンとやたら甘いバターにテンションが下がってしまったことはご愛敬。昨夜の食堂でも、妙に甘いお茶を出されて辟易しただけに、どうやら南東部は味覚が合わないようだ。

スーパー特急の普悠瑪號と太魯閣號は、JR九州の885系をベースにした制御つき振り子式の電車特急だ。この2列車は1カ月前に予約が埋まるほど人気が高く、おまけに無座票（立席特急券）がないために立席さえ認められない。日本人を含む外国人がジョイントパスで旅行しようとすると、直前の予約になるため、乗車は非常に難しい。今回乗った自強號が、瑞穂を1時間14分前に発車しても、161km先の宜蘭での差が、わずか18分に縮まるほど俊足だ。

その自強號も混雑していたが、指定席を取っていたので比較的楽に移動できた。

㊵

宜蘭站で区間車のＥＭＵ６００形電車に乗り換え、ノンビリと秘境駅の三貂嶺（サンディアォリン）站にやって来た㊵㊶。この三貂嶺站は首都の台北から40・6㎞の地点にあり、平渓（ピンシー）線との分岐駅である。鐵猫さんランキングでは2位だが、私的にはここが台湾におけるナンバーワンの秘境駅であると思う。

例によって日本の秘境駅ランキングに当てはめると、渓谷のなかにある駅で人家は離れる（秘境度12）。駅員こそ常駐するが、駅舎の古さや周囲にある数々の廃墟は凄まじい（雰囲気14）㊷。停車する列車は、区間車のみだが、宜蘭線の上下線のほか、平渓線を合わせると1時間に3本以上ある（列車到達難易度1）。

41

42

駅までは渓谷沿いの歩道しかなく、車道は対岸で駅側にはない（外部到達難易度15）。駅の施設も路線が分岐するため情緒はたっぷりで、古い保線小屋もある（鉄道遺産指数13）。総合評価の合計は55ポイントとなり、日本の秘境駅ランキングでは、23～24位に該当するハイレベルぶりだ。
ロケーション的には、２０１８年に廃止になったＪＲ三《さん》江《こう》線の長谷《ながたに》駅あたりが該当しそうだが、立地的にはもう少し険しく、南海高野線の紀伊神谷駅もしくは紀伊細川駅のレベルに達する。駅前は一級の廃墟物件がてんこ盛り。周囲は自然こそふんだんにあるが、川沿いのためか湿度が高く、決して居心地のいい所ではない。この放置状態はきれいに整備したほうがよくなるなんて生易しいものではなく、むしろこの廃墟と自然が一体となり、玄人をも唸らせそうな世界を構築していた。この三貂嶺站は、台北から1時間ほどで到達できるので、台湾旅行のついでに訪問できるお勧めスポットではある。だが、この不気味さゆえに、決し

て夜間には訪れないほうがいいだろう。

ここから分岐する、平渓線に乗車。終点の菁桐（チントン）まで18㎞弱しかないが、とにかく路盤が悪いため低速でしか走れない。今回は全線乗り潰しではないので、3駅先にある鐵猫さんランキング5位の望古（ワングー）站で下車することにした。

ローカル線の平渓線は非常に人気があり、休日のせいか車内は大混雑だった。中には日本語も聞こえてくるほど、日本人旅行者にとってもメジャーな存在だ。三貂嶺の隣に鐵猫さんランキングでも6位の大華（ダーファー）站も気になるが、今回のプランでは惜しくも見送った。次回のターゲットとして温存しておく。大華の次は十分瀑布（シーフェンの滝）で有名な十分站では多くの人が降りていった。お土産屋が線路ギリギリまでせり出していて、たくさんの観光客でごった返している㊸㊹。ようやく車内に余裕ができたが、すぐに隣の望古站で下車した㊺㊻㊼。

45

46

47

先ほどの喧騒とは無縁の静かな世界が広がっている。まるで日本のローカル線に見られるような、庇だけの簡素な待合所に親近感を覚える。しばらく、秘境駅であっても立派なものばかり訪問して来たせいか、やはりシンプル・イズ・ベストが基本だと改めて思う。ここもまた秘境駅ランキングに当てはめると、人家は3

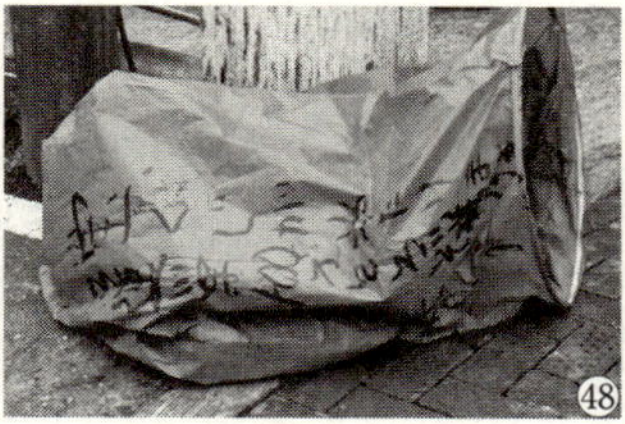
㊽

㊾

軒ほどだが人通りはある（秘境度2）。駅舎はないが周りは廃墟が目立つ（雰囲気3）。列車本数は1時間に1本はある（列車到達難易度4）。駅前の車道は整備され、車通りもある（外部到達難易度1）。その昔、近くに炭鉱があり、貨車へ積み込みで使用した荷降ろし場（ホッパー）が残る（鉄道遺産指数11）。総合評価の合計は21ポイントになり、秘境駅ランキングの１１２～１１６位に該当するため、なかなか健闘している。ロケーション的には只見線の郷戸あたりだろうか、歴史的には筑肥線の西相知《にしおうち》あたりが該当しそうだ。

　しばらく周囲を散策していると、突然空から飛行物体が降りて来た。大きな紙風船の中に火がついているではないか！㊽㊾　これは天燈といわれるもので、願いごとを書いて飛ばすと、何やらご利益があるらしい。隣の十分あたりから飛ばされているようで、あたりにはいくつも残骸が落ちている。「宝くじが当たりますように」、「連単１００万

⑤①

⑤⓪

が取れますように」などと、明らかに我が国民が書いたと見られるものもあった。余所の国で叶いもしない願いごとを書いて飛ばしても果たして効果があるのだろうか？　と突っ込みを入れたいところ。なかには飛ばされた天燈が竹林に落ちて燃え上がっているものもあった。雨上がりで大事には至らなかったが、仮に自分の家やクルマに飛んで来たらと思うと、許容し難い風習である。

平渓線の望古站から折り返す列車に乗り、先ほど下車した三貂嶺站をやり過ごす。そのまま宜蘭線に入り、列車の実質的な起点となる瑞芳（ルイファン）站で下車した。今夜は北投温泉に泊るため、ＭＲＴ（地下鉄）に乗るべく台北（タイペイ）站へ向かう。ＰＰ（機関車によるプッシュプル）特急の自強號１７５次に乗車するが、静かな客車を期待するもデッキまで超満員で辟易した。すかさず次の七堵（チードゥ）站で降り、10分後に発車する始発の客車急行莒光號５２３次に乗り換えた⑤⓪⑤①。これが正解で、台北までゆったりと座ってジェントルな客車列車の乗り味を堪能できた。

台湾の首都の台北站に着いたが、もの凄い人、人、人……。中央の屋内広場にはおびただしい数のイスラム系と思われる団体旅行者が地べたに座っている。あまりの喧騒に自身の体調が急激に悪化。過呼吸ぎみになり、顔も青ざめてくる。実のところ私は適応障害でいう社会性不安（広場恐怖症）らしく、人混みが大の苦手だ。早くこの場を脱したい思いで、ＭＲＴへと急いだ。体調の悪さから写真を撮る余裕もなく、自動券売機で例のコインをゲットして地下鉄へ乗り込んだ。混雑こそしているが、まだ車内のほうがマシだ。40分ほどで北投站に到着し、温泉の最寄りになる新北投站へ向かう1駅だけの支線に乗り換えた。ほぼ徐行といった状況で終点の新北投站で下車した。

宿では夕飯をとっていないため、台湾ラーメン（牛骨）を食べるが、あっさりとしたなかにコクがあって旨かった。雨降りが難だが、目的の「鳳凰閣温泉館」までの1・5㎞の坂道を歩いてようやく到着。宿では貸切の風呂も格安で提供していただいてじっくり堪能できた㊾。ここは肌に優しい弱酸性（ph4〜5）の「白硫黄泉」のようだが、宿によってはより酸性度の強い（ph1・5〜2）で硫化水素系の「青硫黄泉」もあるらしい。もっとも、白硫黄といってもかなり濃い

ため全身に沁みわたる素晴らしいお湯であった。さすがは台湾を代表する銘泉だけはある。時間が遅いため外湯めぐりは叶わなかったが、それよりも体調の回復を最優先に、部屋風呂での湯治に専念することにした。悪化していた体調も1晩に3回、翌朝1回と、しっかり浸かった結果、だいぶ回復した。

――旅程4日目　2016年3月21日
北投温泉から帰国の途へ

朝になった。今日は帰国しなくてはならない。タクシーを呼びたい旨を伝えると、何と新北投ではなく、乗り換え不要な北投まで送っていただけるというではないか！　まことにありがたい。さらに早朝の出発で朝食が間に合わないと伝えると、パンと牛乳の詰め合わせまで用意していただいた。何とも優しい心遣いに感激！　1泊目の左營でゴタゴタした時にお世話になった警察官、枋寮から枋山へ行く途中で内獅に寄っていただいたタクシー運転手、瑞穂の旅館の人、山里と三貂嶺の駅員、そして今回の宿の人たち。台湾の皆さんはとても親切だった。むしろ昨今の日本人のほうがどうだろう？　という思いに至った。

宿の送迎車（トヨタ・エスティマ）で北投站に降ろしてもらった。ＭＲＴに乗り、前日体調悪化の引き金になった台北站へ到着。朝が早かったせいか、特に人混みは気にならなかった。ここから高鐵（新幹線）に乗って３日前にジョイントパスを引き換えた桃園站にすんなり到着。バスに乗って空港、そして帰りのＬＣＣタイガーエアで福岡空港に着陸して無事に帰国できた。

今回の台湾旅行は秘境駅訪問がメインであったが、ローカル線も平渓の一部しか乗っていない。もちろん嘉義（ジャーイー）から出ている森林鉄道の阿里山（アーリーシャン）森林行路も未乗車だ。次回は今回見送った秘境駅と合わせて台鐵全線乗車を目標に行きたいと、脳内であれこれと策略を練るのであった。

06 海外秘境駅訪問第二弾！韓国の秘境駅へ

――台湾に続いて韓国の秘境駅へ

近年、秘境駅訪問家にとって残念な出来事が増えている。特にＪＲ北海道やＪＲ東日本での利用者が少ない駅、いわゆる秘境駅の廃止は、過疎化の時代を裏づけたものである。しかしながら、秘境駅は国内に限定されたものではない。国が違えば事情も異なるし、北海道よりもさらに人口希薄地帯を通る鉄道だってある。そこには数知れずの秘境駅が存在していることは想像に難くない。

一方、国外では利用者が少ない駅はどのような扱いを受けているのか、ひとまず現状を知っておきたいと考えた。もちろん国や鉄道会社の方針によって様々であるが、大まかには、利用者がいないと、あっさりと廃止してしまうことがわかった。何ともドライな対応に意気消沈してしまうが、鉄道ファンの心理というフィルタを外せば、これは至極正論であり、それだけ日本という国が恵まれているともいえる。そんな意識も我が国だけを周っていたら、到底知り得ることはなかった。

そこで、２０１６年3月の台湾秘境駅訪問に続いて、わずか1カ月後に再び海外へと踏み出した。次なるターゲットは、お隣の韓国である。もちろん言葉はわからない。当然ハングルも読み書きできない。けれども、日本にやってくる外国人だって日本語が解らなくても、平気でやってくるではないか。彼らだって私だって気持ちは同じはずだ。前回も述べたが、私は人的交流が目的ではない。そこに秘境駅があるから、そこに行って調査するだけである。

――旅程1日目　2016年4月15日　東広島の勤務先から、そのまま西へ！

出発前日となる4月14日の晩、九州の熊本県で大きな地震が襲った。こちら広島北部では何ら揺れを感じなかったが、翌朝のニュースで甚大な被害が出ていることを知った。亡くなった方には哀悼の意を捧げたい。

さて、旅の始まりは東広島の会社を定時（17時15分）に上がらせてもらうところからだ。業務も予定通り終わり、一般道側から山陽道下り小谷SAのコインシャワーに行って200円を投じ、リミットいっぱいの10分間浴びる。さっぱりしてから、西条ICから山陽道に入りノンビリと西に向かった。

夕食に下松《くだまつ》SAで好物の「焼きカレー」を堪能し、順調に九州へ渡る関門橋を通過する。夜も遅く、眠くなってきたので、古賀SAで車中泊することにした。こうすることでETC夜間割引（30％引き）を効かすことができる。クルマの荷室に敷いた布団で寝ていると、突然、夜中の1時半頃、経験したことのないような強い揺れに襲われた。そう、16日未明の本震である。林道のギャップで跳ねたような衝撃だった。クルマの周りでもたくさんの人が降りてざわついている。その後、何度も揺れが襲ってきて、自然相手とはいえどもウンザリであった。こうして、あまりよく寝られないまま、朝6時過ぎに起きた。出港の状況がわからないので心配になってきた。とにかく早めに博多港国際ターミナルに行かなければ。

――旅程2日目　2016年4月16日
九州道古賀SAから栄州（ヨンジュ）へ

7時30分頃に博多港国際ターミナルへ到着。クルマを駐車場に止めてターミナルへ入った。ここで釜山（プサン）行きの高速船ビートルの引換証をチケットと交換。ついでに1万円を10万W（ウォン）に替えた。相場はよくわからないが、ちょうど10倍だからわかりやすいこと、現地よりも落ち着いて両替できそうだからだ。結局、半分程度しか使わなかったが、簡単に両替できそうにない田舎へ行くため、多少の余裕を見ておくことも大切だろう。

乗船するやいなや、前日までの仕事や長距離の運転、そして地震などで疲れているせいか、ひたすら惰眠を貪った。船のほうは、本来の所要時間は2時間55分だが、近年、海中生物（クジラ）などと衝突する事故が多発しているそうで、速度を落として運航するため3時間半ほどかけてようやく釜山港に着いた。

港のターミナルは以前、地下鉄の南浦洞（ナンポドン）近くだったが、新しく釜山駅（裏側）の近くに移動したので、歩いても15分くらいで着くので便利になった。試しに駅までバスを使ったところ、わずか１００W（10円）で、何だか微

笑ましいものがあった。

まず駅の窓口でチケットを発券してもらう。今回の旅で一番緊張する場面だ。ネットで購入したコレイルパス（乗り放題のきっぷ。３日間用）のバウチャー（印刷した引き換え証）を出すと同時に、プラン通りに全列車の指定を取ってもらう。そこで登場する「秘密兵器」は、英字とハングルを併記したお手製メモだ。一連のやり取りで一度も韓国語は使うことなく、少しばかりの英語だけで全てがスムーズに完結した。しかし、明日乗車予定の道渓（トゲ）↓清涼里（チョンニャンニ）のムグンファ号が満席で取れなかった。明朝、もう一度栄州駅でチャレンジすることにした。

釜山からはＫＴＸ（１５０列車）で東大邸（トンテグ）まで乗車①②。普通席は大きめのテーブルはいいとしても、あまりにも前後のピッチが狭く、前席の背中に膝が密着するほど。ＬＣＣ並みである。今回は初期型に乗ったが、新

③

④

型の山川（サンチョン）号は、回転式になって改善されている③。電動車が前後につくプッシュプル（ＰＰ）式のため、客室の静粛性は高い。発車はスムーズだが、加速は新幹線のそれとは比較にならないほどノンビリだ。ただし、トップスピードは３０５km／ｈなので、侮れない存在ではある。

　東大邸に着いたが、多勢と一緒に出口へ向かうことはしない。次々に目新しい車両がやってくるから目が離せない。やっぱりホームは楽しい！　一度見たかったアメリカ製の７２００型ディーゼル機関車が来た。特大型と呼ばれ、ものすごい轟音を立てながら驀進する大迫力④。エンジンはまさに船舶のソレと同じで、ユニフロー掃気型２サイクルＶ型16気筒１６０リットルのターボディーゼル機関によって発電され、モーターを駆動する。最大出力は３０００馬力を叩き出すが、いかにも燃費は悪そうで、両脇に日本のＤＤ51形の倍くらいの巨大な燃料タンクを抱えている。さ

⑥

⑤

すがに標準軌はスケールが大きいと実感した。
東大邱から正東津（チョンドンジン）行きのムグンファ1674列車に乗る⑤。まもなく大邱線（テグソン）から慶州（キョンジュ）方面から延びる中央線（チュンアンソン）に合流し、引き続き非電化区間を北上。途中、時刻表に記載されていない幾つもの休止駅や信号場を通過していく⑥。周囲の状況からは秘境駅と呼べるものは見当たらないが、いずれも一本の列車も停車しないのである。少なからず人家があっても、利用者が少なければ、呆気なく廃止されている様子だ。前月に周った台湾でも同様なケースが多く、我が国とはだいぶ様子が異なる。やはり日本で秘境駅巡りをする私たちは恵まれていることを痛感するのであった。
車窓は雨模様に変わり、定刻18時50分に今夜の宿を取った栄州に到着⑦⑧。降りるやいなや大雨になったが、目的のホテルは地図上では近そうに見えたので、何も考えずに

⑦

⑧

歩き出した。ところが、途中で道に迷ってしまった。駅へ逆戻りする途中で、言葉がわからないのに商店街の人に地図を見せながら道を聞いてみた。しかし、正確な場所がわからない様子で、さらに別の人に聞いて回る。皆とても親切に対応してくれる。どうやら、遠くてタクシーで行かないと無理ということで、タクシーを呼ぶことになった。
　偶然通りかかったタクシーを「スタァーップ！」と叫んで止めてくれた。「すみません……」じゃあ止まってくれそうになかったので、とても助かった。「カムサハムニダ」しか言えない自分が情けない。昨今、嫌韓の風潮で国交的にも民間交流も冷え切っているが、彼らはとても親切で感謝しても足りないくらい。正直なところ、当初、彼らに対して差別的な意識があった。この国にやって来たのは、単に秘境駅が存在するからだ。しかし、この時ばかりは自分を恥じた。マスコミの偏向報道に流される前に、自分の目で見て体験しなければ、決して正しい判断はできない。こ

れは人として当然のことである。
　タクシーに乗って「Yeongju Hotel（ヨンジュホテル）」に着いた。バウチャーを見せてスムーズにチェックイン。部屋に入ると広くて豪華でびっくり！⑨　さらにPCが設置されているのでとても便利だ。これが日本円で1泊8500円ほど。もう大都市で泊まるのが馬鹿馬鹿しいほどコストパフォーマンスが高い。だいぶ遅くなったが、夕食は部屋の中でコンビニ弁当を適当に食べて済ました。想像した通り、相当辛いがなかなか旨い。TVをつけると、やはり熊本地震のニュースをやっていた。今日未明の地震でさらに酷い被害を受けたことを知った。被災地の人へのインタビューだけが日本語で伝わってくる。こうして異国の地で過ごす悲しい夜が更けていった。

――旅程3日目
2016年4月17日　栄州からソウルまで

早朝6時に起きてホテルの窓から眺める。昨晩の大雨は上がった様子で幸先よさそうだ。６時40分頃に朝食を取ろうと下に降りる。エレベーター内にはモーニングが６時30分～８時と書いてあったが、食堂に客の姿はない。給仕の人に英語で聞くと「？」という感じで韓国語で答えてくるが、今度はこちらが「？」になった。カレンダーの17日の７を差してようやく合点がいった。７時からなのだ。ふと、昨日買ったサンドイッチを思い出し、もったいないけれど部屋で朝食をとった。冷蔵庫に清涼飲料水が２本（無料）入っているので、貧乏性ゆえに２本とも空けると満腹になった。いまさら食堂で食べる気も起こらず、何もすることがないので早めに駅へ行くことにする。もちろんタクシーで。

フロントでタクシーを呼んでもらい、数分ほどで来たはいいが、おじさんの運転手に駅へ行きたいと英語を使ってもダメ。「ヨンジュステーション」がダメって……。途方に暮れそうになったが、ふと中国語の「站」を思い出して、紙に書いたら「チーシャー（汽車）」と聞くので、これに頷いてランゲージコネクションが成立。台湾を訪問しておいて正解だったと胸を撫でおろした。駅に着くとさっそく窓口に向かう。昨日釜山駅で取れなかった、道渓（トゲ）→清涼里（チョンニャンニ）のムグンファ号の指定席チケットを無事に入手できた。これでチケット類はすべて揃った。

⑩

⑪

ホームに入ると、昨夜は暗くて気づかなかった光景が飛び込んで来る。全身に電流が走るような衝撃を受けた。あのフランス製の電気機関車が構内に13両も集結しているではないか！⑩　この機関車は、フランスでＴＧＶが運行される以前、特急列車を牽引した花形機関車と同型である。パリからニース行きのル・ミストラル、ボルドー行きのアキティーヌ、ツールーズ行きのキャピトールなど、子供の頃、とてもじゃないけれど乗れなかった憧れの名列車を牽いた機関車たちである。この独特なデザインから様々なあだ名を持ち、日本では「ゲンコツ」、本国フランスでは「壊れた鼻」、そしてここ韓国では「マジンガー」と呼ばれていたらしい。マジンガーとは昔、日本で放映されたＴＶアニメの『マジンガーZ』に登場する戦闘ロボットのことで、こちらで翻訳されたＴＶアニメが元になったというからおかしさも倍増である。

夢中になって撮影していると、いきなり「ピーーーッ

!!」と笛が鳴る音がした。そちらを見ると駅員がこっちへ来いと怒っている。マジでまずい！　頭を下げて行くと、待合室へ出ていろと言っている様子。プラットホーム上から撮影していたので問題はないと思っていたが、どうやらマズかったらしい。いやはやスミマセン。言葉が通じないとわかると、それ以上突っ込んでくることはなく、私は素直に待合室へ退散したのであった。

栄州から電気機関車につけ替えられたムグンファで嶺東線（ヨンドンソン）に入る。途中、いくつかの休止駅や1日1往復しか停まらない林基（イムギ）⑪、同じく2往復の懸洞（ヒョンドン）などを通過して行く。これらの駅は秘境駅といった風情ではなく、ふつうの農村にあるが、とにかく冷遇されていることが気にかかる。両駅の間には線路に沿った道路がない様子で、実際に乗降して駅間歩きをすれば、非常に困難になることが予想された。クリスマスデコレーションで装飾された汾川（ブンチョン）駅で下車

⑭

⑮

⑫⑬。ここは街ごと完全に観光地化されていた。

汾川駅からV-Trainに乗る⑭⑮。Valleyの頭文字をとった峡谷列車の意味だそうで、景色がよく見えるように全面がガラス張りの派手なピンク色の車体の3両。白頭大幹を練り歩く白虎をモチーフにデザインされたディーゼル機関車が牽引する。車内のシートはベンチ風で、中央部には木炭ペレットストーブが設置され、時折カウボーイ風のコスチュームを着た乗務員が燃料のペレットをくべていた。当初ガラガラだったが、発車間際になって観光バスが到着するやいなや、あっという間に満席。アジュマ（おばさん）たちのうるさい話し声はとにかくノイジーで、なるべく外を見て気分を和らげるしかなかった。後で訪れる、トレッキング用に設置された肥洞（ピドン）駅をやり過ごし、2駅目の両元（ヤンウォン）駅で下車した⑯⑰⑱⑲⑳。

川に面した狭い平地に人家は数軒余りが見えるだけ。しかし、10分あまりの停車時間にホーム裏に軒を連ねた屋台

⑯

⑱

⑰

⑳

⑲

に乗客が集まっていく。地元の農産物を使った食べ物を売っているそうで、貴重なものだそうだ。とはいえ、すっかり観光化されてしまったようである。恐らく日本人で最初に訪れたと思われる、知り合いのフォトライター栗原景さんによると、以前はとても閑静な雰囲気で、韓国を代表する秘境駅だったという。ちなみに、彼は韓国に留学経験があるため、ネットの写真でわからないハングル文字を訳してもらうと同時に様々な情報をいただいた。

「韓国で一番小さい駅」と紹介されているここは、何と付近の住民が勝手に造った駅だという。あまりにも不便な立地であるため、列車を停めるために自分たちでホームを造成し、待合室を設置したそうだ。まさに既成事実化された駅である。日本でも国鉄時代には仮乗降場というものが存在したが、それは管轄する鉄道管理局が住民の要望により設置したものであって、常識ではあり得ない手段は脱帽モノ。いい悪いは別にして、昨今どんどん廃止されていく秘境駅のことを想うと、地元民の心意気には頭が下がる思いである。

さて、この両元駅だが、秘境駅ランキングに当てはめてみると、秘境度8、雰囲気3、列車到達難易度10、外部到達難易度12、鉄道遺産指数10で、総合評価は43ポイントに達する。ランキング順位は43位の道後山か、同ポイントで44位の釧

㉑

㉒

路湿原クラスに該当する。なかなかの健闘ぶりだが、惜しむらくは栗原さんが最初に訪れた頃であれば観光客は皆無だったと思われ、特に雰囲気ポイントに関しては、かなり上昇したであろう。

――韓国ナンバーワンの秘境駅へ

今度は、両元駅から、鉄岩（チョラム）駅で折り返してきた、同じV-Train（４８６２列車）に乗り、先ほどやり過ごした肥洞駅で降りた㉑㉒。ところが、あのカウボーイ風のコスプレ制服を着たアガシ（若い娘）乗務員が、怪訝な顔をしながら何やら「危ないから止めたほうがいい」みたいに制止してくる。私はそこまでの切符を持っているし、下車を制限される覚えはないが、何のために降りるのか？と聞いてくるので、「トレッキング」と答えた。ここがトレッキング用の駅だということを事前に知っていたので、下車の理由として一番無難だと判断したからだ。しかし、なかなか快い顔をしない。咄嗟に所持していた「秘境駅訪問家」の名刺を見せて、日本でこういう駅を専門に降りていると、日本語で伝えるが、もちろん通じるはずもない。両元からはわずか2・2㎞しかなく、ゆっくり走っていてもすぐに到着してしまった。万事休す！

すかさず開いたドアに向かって「ケンチャナヨ！（大丈夫だよ！）」と言って、半ば強引に降りてしまった。なんとまあ行儀の悪いことをしてしまったが、これが阻止されると最大の目的が水の泡になる。熊が出るとか心配したのかも知れないが、こちらは長野県人のＤＮＡを持つ山男だ。おそらく彼女は都市居住者なのだろう。気持ちはわかるが、ここで降りられる有効な切符を持っている。そもそも駅を造って停車しておいて、下車するなと言うほうが矛盾しているのだ、と自分を慰めた。ああ、異国の地で少々やり過ぎてしまったか……。

この肥洞駅はトレッキングでの利用を目的とした仮乗降場という扱いだ。停車する列車は、１日あたり上下3往復の観光列車（V-Train）に限られる。立地的にはやや狭い峡谷のなか、鉄橋㉓の脇に土盛りの片面ホームがあるだけで、待合室らしきものはない。外部からの道路は狭いが舗装はされてはいる。しかし、隣

㉓

㉔

㉕

㉖

の両元駅方面への道路は通じておらず、どん詰まりの僻地である。周囲に人家は見えないが、坂を登っていくと1軒だけ人家があった㉔。興味本位で歩いていくと、いきなり繋がれていない1匹の犬が飛び出してきて、盛んに吠えてきた㉕。若い頃の私だったら、「押角《おしかど》駅前番犬格闘事件」のように闘ったものだが（拙著『秘境駅へ行こう！』参照）、さすがにいい歳をこいた大人が異国の地で、ヤンチャをする訳にはいかない。万が一噛みつかれて狂犬病になっても厄介だし、もし家人に見つかったら、それこそ何をされるか分からない怖さもあった。戻っていくと後を追ってこなくて安心した。君子危うきに近寄らずである。

その後、再び駅に戻り、昼食にお湯を沸かし、チキンラーメンを食べて過ごした㉖。ちなみに、この駅に来る前に調べたネットの写真で、こんな所に太陽光パネルが設置されているのか！　と驚いたが、実際は黒色のフィルムで覆われた農業用の雨除け屋根であった。何を育てているのか当初はわからなかったが、後に「高麗人参」という情報が寄せられた。何でも、雨と直射日光がまずいらしく、状況的にも合点がいく。さらに非常に高価ゆえに人目につかない所で栽培されているのだろう。まさか、コスプレアガシ乗務員はこれが理由で降りるな、下手をしたら住民に人参泥棒と勘違いされる、そんな理由で制止したのかと思うと背筋がうすら寒い。誤解を解くにも言葉がわからなければ始まらない。とにかくハイリスクな行動なのは間違いないので、ここは誰にでも訪問を勧める訳にはいかない。

さて、例によって秘境駅ランキングの視点で見ると、秘境度18、雰囲気17、列車到達難易度17、外部到達難易度16、鉄道遺産指数3、で総合評価は71ポイント。ランキング順位は10位の糠南（72ポイント）と11位の豊ケ岡（69ポイント）の間に位置し、非常にハイレベルな秘境駅と判断した。文句なしに韓国ナンバーワンの秘境駅である。

　肥洞駅からは、汾川駅から折り返して来たV-Train（４８６３列車）に再び乗車する㉗が、先ほど少しばかり揉めてしまったコスプレアガシ乗務員は、他の車両で接客に追われている様子で、ひとまず気まずい思いは避けられた。結局、肥洞ではトレッキングの人を幾人か見かけたが、私以外に誰一人として鉄道を利用する人はいなかった。車内はカラオケで盛り上がっており、列車がトンネルへ入ると、蓄光シールが天井を彩り、歌っていた乗客は奇声を上げてテンションはＭＡＸに（苦笑）。そのやかましさは尋常ではない。短時間だったが本当に次に降りるのが待ち遠しかった。
　承富（スンブ）駅で降りて、車内の大

㉘

㉚

㉙

騒音からようやく脱出㉘㉙㉚。ここで10分ほど停車するらしい。車内からもたくさんの人が降りてきて写真を撮っている。そのうちの一人が私に話しかけてきたが、もちろん何を言っているのかわからず、「チョヌンイルボンサラミエヨ」、「ハングルマルムルゲッスムニダ」（私は日本人です、韓国語はわかりません）と言う

㉛

㉜

と、怪訝な顔をして仲間に耳打ちしながら去っていった。あからさまに差別を受けた感がある。V-Trainの乗客のほとんどは、国内でも比較的富裕層の類に入る人たちだ。中途半端に富を持つと人は冷たくなるのか。昨晩、栄州の街でお世話になった、日々一生懸命に生きている人たちとは全く異なる。私は差別を受けたことに怒ることより、むしろあの街の人のように、困った時に寄り添って力になれる人間になりたいと、心の底から思った。そういう意味では反面教師的に気づきを与えてくれたことを、感謝するのみである。

いささか重たい気持ちにもなったが、この駅の状況は観光客でごった返している㉛。正直なところ、先ほど訪れた肥洞駅が恋しい。それでも、駅の立地的には素晴らしく、険しい谷間の信号場といった風情である。さらに人家がないこと、車道は対岸にあり、川を渡る吊り橋㉜（クルマは通れそう）で連絡されているなど、なかなかのロケーショ

㉝

㉞

ンである。もっとも、観光客向けにホームの裏側には両元よりたくさんの屋台が出ていて、休日とあって多くの人で賑わっていた㉝。ここもまた秘境駅ランキングに当てはめてみると、秘境度8、雰囲気1、列車到達難易度8、外部到達難易度9、鉄道遺産指数4で、総合評価は30ポイントでランキング順位は、73位の原生花園駅が該当する。これには観光客の多さも匹敵するため、似たような位置づけになるが、純粋にロケーションだけを比較すると、77位に位置する仙山線の奥新川《おくにっかわ》駅のような雰囲気である。

承富からディーゼル機関車に牽引された急行ムグンファ（1682列車）に乗車。途中の鉄岩駅は、まさに駅構内が炭鉱といった様相で、幾つもの真っ黒なボタ山がそびえている㉞。この嶺東線は、沿線に数多くの炭鉱を擁する重要なエネルギー路線だ。そして、東栢山（トンペクサン）駅に着く。ここは2012年6月に延長16㎞におよぶ大きなループ線のソラントンネルが開通し、東栢山～道渓間

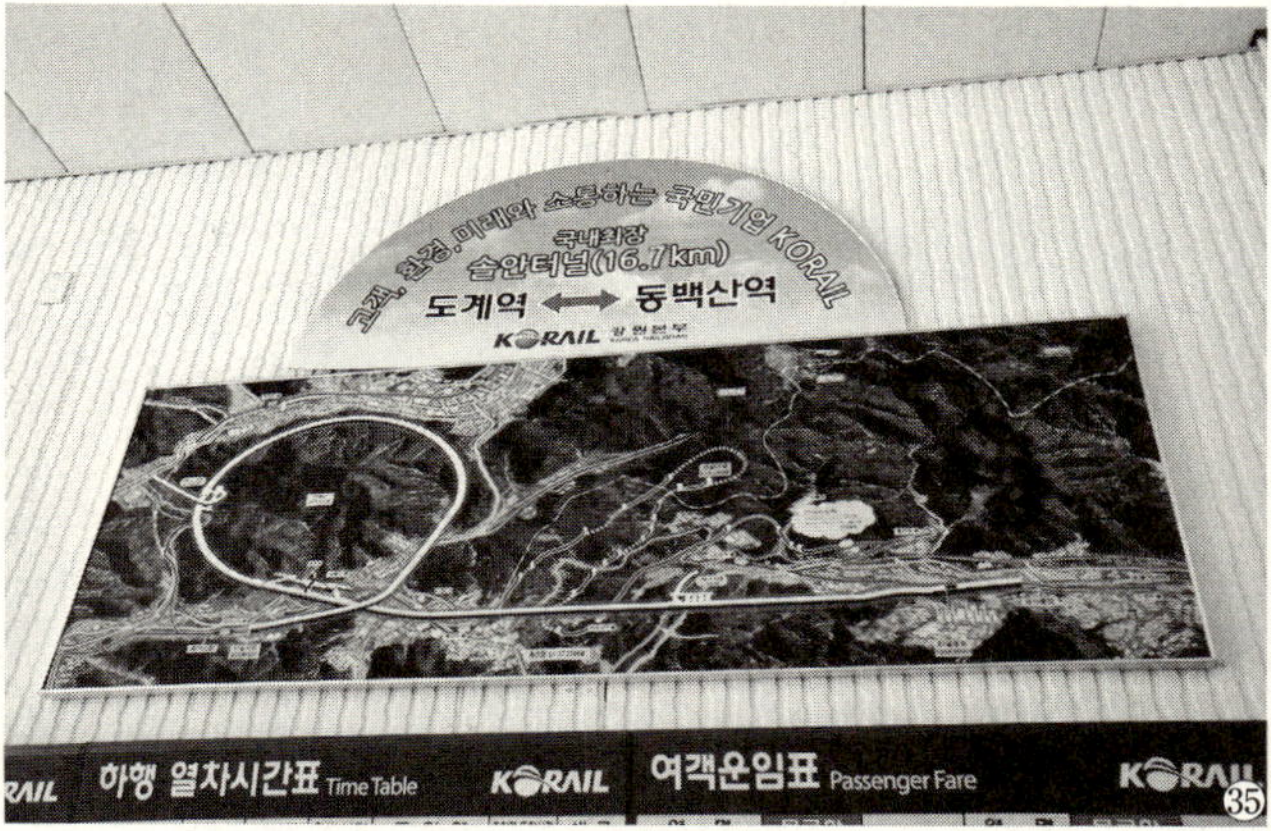

㉟

のルートが変更された。かつて、興田（フンジョン）～羅漢亭（ナハンジョン）間のスイッチバックと、2カ所のオメガカーブで、険しい太白山脈を越えていた㉟。しかし、その区間の乗車はもう叶わない。やがて、ソラントンネルに入るが、あまりにも長いため、ぐるりと回されている感覚には乏しい。だが、次第に車内が排気ガス臭くなってきた。心なしか靄もかかっている。あの巨大なアメリカ製ディーゼル機関車のせいだ。おまけにループ型のため、排気ガスの抜けが悪く、だんだん喉が痛くなってきた。何で電化されているのにディーゼル機関車で牽引するのか。選りに選って力行が続く登りで使うとは、何だか悲しくなった。

ループトンネル内でディーゼル機関車の排気ガスに苦しめられながら、ようやく道渓に着いた㊱㊲。広い構内にはたくさんの貨車が停まっている。鉄道貨物が重要な役割を担っているのを見て、ふだんコンテナ車か石油タンク車くらいしか見ることのない私は、何だか羨ましくなった。さらに、標準軌にも嫉妬してしまう鉄道ファンの悲しい性を噛みしめるのであった。

さて、次は栄州から乗って来た嶺東線から、堤川（チェチョン）方面の太白線（テベクソン）に乗り換える。やっぱりローカル線の主役は急行ムグンファである。ちなみに現在、韓国の鉄道（コレイル）では、都市近郊の列車を除いて普通列車は存在しない。以前はトンイル（統一）号が走っていたが、全て廃止され、代わりに複数の急行ムグンファ号が互いに停車駅を替えながら対応しているのだ。ローカル線における合理化の波は、ここ韓国でも例外ではない。

道渓から乗った帰りのムグンファは幸い電気機関車の牽引だったため、大ループのソラントンネルで排ガスに悩まされることはなかった。しかし、東栢山から太白線に入ると軌道の状態なのか、台車の調子が悪いのかわからないが、少々振動が気になった。見るもの全てが新鮮で、今までほとんど一睡もしなかったが、さすがに疲労したせいか眠さを我慢することはできず、気がつけばかなり長い時間寝入っていた。

中央線と接続する堤川では、多くの人が入れ替わり、行楽帰りと思われる人々の喧騒でとても寝られるような状態ではなくなった。聞き慣れない言語だからか、独特のイントネーションだからか、気になってしまうのが悲しいところ。今夜のソウル～釜山の夜行ムグンファでは安眠防衛を徹底的にしないとまずそうだ。

そんな気持ちもお構いなしに列車は淡々と進む。原州（ウォンジュ）ではさらに人が増えて、通路までいっぱいになった。ソウル近郊区間に入ると、やはり運転間隔がタイトになるせいか、時々信号待ちで停車することもあった。それでも定刻に終点の清涼里（チョンニャンニ）駅に着いた。この駅は東京でいえば上野駅、大阪であれば天王寺駅あたりの位置づけである。ただ異なるのが、中心のソウル駅まで地上を走る山手線や大阪環状線みたいなもので連絡されている訳ではなく（一部列車のみ連絡あり）、南の龍山（ヨンサン）駅と同様に地下鉄で連絡されているだけだ。唯一救いなのは、わかりやすい1号線で行けることくらいか。これが他の線区を経由したり乗り換えたりすると苦労しそうだ。ちなみにソウル駅までは、日本語表示機能のついた自動券売機で１３５０Wを投入してカードを購入した。さらに乗車後に払い戻し機で50Wの保証金を取り戻すこともできる。ただ、日本円でわずか5円だから記念品にしたのは言うまでもない。

――旅程４日目
２０１６年４月18日　ソウルから釜山を経て帰国の途に

ソウルに着いて、駅ナカで夕食を済ませることにした。せっかくだから韓式の店に入って石焼ビビンバを注文。店員のおばさんに英語で「Stone-Pod Bibimbap」と伝えるが通じず、そのまま店の表側へ連行されたので、ディスプレイのブツを指差して了解してもらった。言葉がわからなければ行動で示すしか手はない。最初にキムチ系の小鉢が3皿出てきた。相当辛いけれどめちゃくちゃ旨くて、メインがくるまでにほとんど平らげてしまうと、もう3皿サービスしてくれた。いやぁ、親切だなぁ（感激）。そして熱々の石焼ビビンバもボリューム満点で、これ一式が1万2000W。高いかと言われると、現地ではそうかもしれないが、日本円で1200円を払ってここまで満足できるなら安いものだ。

腹ごしらえを済ませて早速、色々な列車がくるホームの階段を登ったり降りたり。これがかなり激しい運動になるが、ほとんど疲れない。普段、階段だとハーハー、ゼーゼーと青息吐息なのになぜだろうか？

1本早い釜山行き夜行ムグンファ1225列車を見送ってから、しばらく待って同じムグンファ1227列車が入線して来たので乗り込んだ。網棚に荷物を乗せていると、結構たくさんの人が乗り込んで来た。この列車は車内灯の減光はないし、夜中だろうが到着アナウンスはお構いなしに響く。検札がない様子なので、早速100均で買ったアイマスクと耳詮を装着して無理矢理寝込む体勢に入った。お陰で20分足らずで睡眠状態に入れた。途中ぼんやり外に目をやったのは東大邱駅（2時41分）くらいで、終点の釜山（4時4分）までゆっくり寝ることに成功した。

釜山駅に着いた㊳㊴。何とコンコースはホームレスのたまり場だった。何やら臭いも気になったので、だいぶ早いが釜山港国際ターミナルへ歩いて行くことにした。15分くらいで着いたが、ターミナルはまだ閉まっていた。仕方ないので、

㊳

㊴

バス乗り場のベンチで横になっていると、正面の自動ドアを開けたようなので、そのまま中に入った。ベンチは肘かけが邪魔で横になれないが、暖房も効いているので、２時間ほどアイマスクと耳詮をして寝入った。もうどこでも寝られそうな勢いである。そのうち、アジュマ（オバサン）たちの集団がやってきて、まさに耳詮を破壊するような攻撃を仕かけてきたので、やむなく起き上がってコンビニ（Story Way）のおにぎりを朝食にして過ごした。

　こうして釜山港9時30分発のビートル２１０便に乗船して博多に向かった㊵。帰りは夜行ムグンファでの寝不足を考慮して、３０００円プラスでグリーン席を取ったが、特に眠いことはなく、コーヒーやお菓子、お茶、毛布貸出しなどのサービスを受けながら博多港に着いた。うーん、やっぱりグリーン席はいいものだ。

　入国審査も無事に終わって、ようやく日本の地を踏んだ気になった。これから九州道と中国道を通って自宅のある

40

広島県三次市へ帰る。とにかくお腹が空いたが、あまり辛いモノは食べたくなかった。しばらくクルマを走らせていたが、呆気なく回転寿司の「スシロー」に吸い寄せられて行った。

07 廃線跡にある幻の秘境駅を訪ねて

——1000マイルと趣味を大切に

2017年9月某日、私は北海道へ旅立った。それまで十数年に渡って続けてきた「秘境駅訪問」という自らのライフワークの範疇に、近年「秘境駅跡訪問」という新たなサブジャンルを付加させた。これは廃止された秘境駅の今を訪ねるという旅だ。「探訪」という単語には意味がある。すっかり大自然に埋もれた駅跡を探して訪ねるということだ。これは困難なことではあるが、現地へ到達した瞬間がどれほど喜ばしいことか、この先じっくりと書いてみることにする。

さて、今回は会社の夏休みが終わってからわずか2週間で3日間にも渡る休暇。

その申請がどれだけ勇気がいることか。本業がサラリーマンである私の心理的負荷は推し量れると思う。しかし、どうしても達成しなくては気が済まないのである。今回、私の背中を蹴っ飛ばしたのは、ＪＡＬマイレージが、出発する9月に1000マイル近く失効する危機的状況にあったからである。1000マイルとはクレジットカードで10万円の買い物をしないと貯まらない。これを流すなんて、日頃の節約にかける労力をいたずらに愚弄する所業だ。もはや仕事なんてしている場合じゃない。反会社的な自己都合解釈ではあるが、要するにマイル消化の旅である。

――秘境駅「跡」探訪の準備、そして現地へ

こうして、会社が休みになる土曜日に出発し、翌週の水曜日に帰宅するまでの5日間を確保した。マイレージの特典航空券も往復とも無事に取れた。あとはレンタカーである。ちなみに先に述べた「探訪」が目的の旅は、ホテルや旅館といった宿に、予約通りの時間に到着することは難しい。いや、正直なところお金がもったいないこともあるが、もう一つ言うと人との関わりが煩わしいのだ。なぜ

①

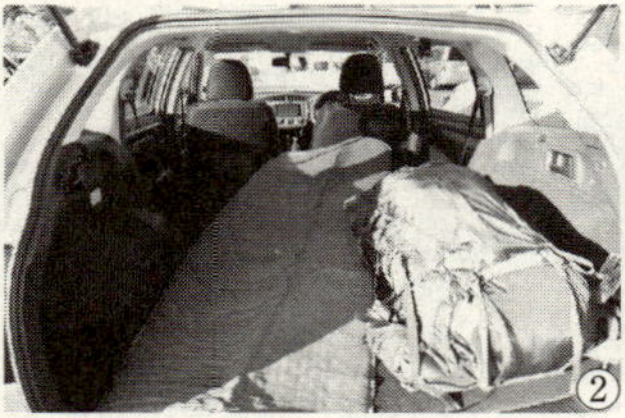
②

なら廃線跡の秘境駅探訪は山中深く探索するため、ヒグマの出没や遭難といった危険がある。これを正直に話せば相手からブレーキをかけられるのは必至。その親切心を裏切ってまで突き進むのは、精神的にも後ろめたさを覚えるし、気力をも削がれる。一般人にはまず理解できないエキセントリックな行動ゆえ、孤独が最善という結論は、長年旅をしてきた経験から導き出された回答である。
　レンタカーから話が飛んだ。要するに4日連続の車中泊という訳で、相応のクルマを探すことにした。当然だがクルマが大きくなると値段が張る。燃費も悪くなるし、小回りも効かないだろう。そこであれこれ探した結果が、カローラフィールダーというステーションワゴン車だ①②。これなら大人が横になって足を伸ばすことが可能。シュラフやマットなどの登山グッズを活用すれば即席の寝床になる。テントの設営や撤収、特に雨天の煩わしさからも解放される。これを5日間借りて2万7000円あまりだから、1

日あたり5400円ほどで済む。最大の懸案のヒグマ対策である熊避けスプレーは昨年、北海道の山奥に湧く金花湯（往復42㎞の徒歩！）へ到達する旅の際に入手済みだが、今回は航空機のため持ち込み不可。機内預かりもできない。スプレー1本がおよそ1万円と高価だが、背に腹は代えられないため、現地で購入し、帰り間際に宅配便で自宅へ発送することにした。北海道の山を目指す多くの登山者は、あらかじめ宿泊先に送って預かってもらうらしいが、無宿派は叶うべくもない。しかし、この時は現地の宅配便営業所で止めるという発想が浮かばず、結局大枚を叩いてしまい、地団駄を踏んだことは内緒である。

旅のスタートを切るため、自宅からマイカーで広島空港へ到着。少し離れた所にあるバス送迎つきの駐車場に止めた。ちなみに1日500円で、空港前の同800円より断然格安である。そして、無事にJAL3403便の新千歳空港行きに搭乗。1000円追加でクラスJという広めのゆったりしたシートに変更できた。ふだんなら惰眠を貪るのだが、いまは機内でWi‐Fiを繋げられる時代だ。結局、新千歳空港の着陸態勢までスマホの画面を見て終わった。

新千歳空港に着き、レンタカー屋のバスに乗って5日間の相棒とご対面。何の変哲もないシルバーのカローラフィールダーへ乗り込んで出発した。まず滝川の

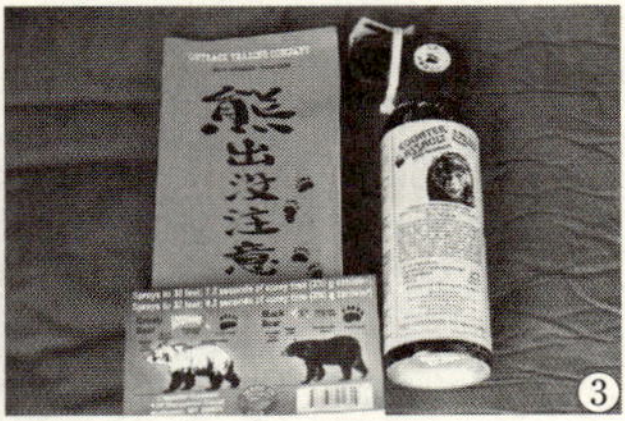

③

④

スポーツ店で、予約していた熊避けスプレーを無事に入手③。いよいよ山に入る準備を整えた。

——まずは深名線沿線へ

最初の訪問路線は1995（平成7）年9月4日に廃止された深名線だ。もっとも、すべての駅を回るつもりはない。当時から利用者が少なく、路線廃止以前に廃駅、もしくは臨時駅や仮乗降場になった駅を訪問する予定だ。

まず雨煙別《うえんべつ》駅の跡を訪れた。ここは1983（昭和58）年12月1日に冬期休止。1987（昭和62）年4月1日の国鉄分割民営化でも正式な駅への昇格は果たせず、冬期休止扱いの臨時駅とされた。そして、路線廃止の5年前に遡る1990年（平成2）年3月10日に冬季休止のまま廃駅になった。地名の由来はアイヌ語でウエンペッ（uenpet）↓悪い川。当てられた漢字の通り霧が多く、日照時間が少

⑥

⑤

ない。農業には不向きな土地だったことが窺える。離農者が相次ぎ、1980（昭和55）年にはわずか1軒になったようだ。廃駅から27年経っており、線路も駅舎もなく、駅前にあるのは外壁のモルタルが剥がれ、満身創痍になった農業倉庫だけ④。もちろん人家は1軒もない。

次に、そこからわずか4㎞足らずの政和温泉駅の跡を訪れた。ここもまた先の雨煙別駅と同じく国鉄分割民営化の際に冬期休業の臨時駅となっている。元は仮乗降場だったので、正式な駅の雨煙別とは生い立ちが異なる。しかし、周囲に悲壮感はまったくなく、すぐそこに道の駅と「政和温泉ルオント」という温泉施設があって賑わいを見せていた。目当ての駅跡は国道を挟んだ反対側にある。廃線の踏切跡から50ｍほどに無人の地震観測所の設備があり⑤⑥、そこが駅跡になっている。ガサガサと藪をかき分けて歩いたが、後になって私の体重（80㎏越え）の振動が記録されたのかと心配になった。いや、彼らは観測のプロだから人

間の歩行で発生する振動を本物の地震と取り違えるような初歩的なミスなどしないだろう。要らぬ心配かも知れないが、お騒がせしたことを少しだけ反省。

既に夕方であたりが暗くなった。写真を撮るのが難しくなるので今日はここまで。このまま目の前の政和温泉ルオントに入浴し、道の駅の駐車場で車中泊した。

――60年以上前に廃止になった仮乗降場

２日目の朝、沿線の中心駅だった朱鞠内《しゅまりない》⑦を通過し、北海道道５２８号線に入ってすぐの湖畔駅の跡を訪問した。ここは１９５６（昭和31）年５月１日に仮乗降場として開業し、国鉄分割民営化で駅になったものだ。「湖畔」とは朱鞠内湖のことを指しているが、およそ２㎞も離れているため、イメージが湧きにくい。駅跡とおぼしき所は藪に覆われているものの、かつての駅の入り口は藪が低くなって

⑨

⑩

おり、草刈り作業がされた様子⑧。いったい廃駅の跡地をどうするつもりなのか疑問が残った。
　そして、いよいよ今回の重要訪問駅の一つである宇津内仮乗降場の跡を訪れるべく、さらに道道５２８号線を先へ進んだ。しかし、１㎞も進まないうちに通行止めのゲートに阻まれた⑨。後に10年ほど前から通行止めだったという情報を知るが、意表を突かれて途方に暮れてしまう。少し戻った所で脇に折れる林道を発見！　轍の跡もしっかりしているので、いそいそと進むとまたもや鎖のゲートに阻まれた。他のクルマが通れる間隔を残してクルマを停め、徒歩で進むことにした。
　藪こぎ用のカッパを来て、丈夫な長靴を履き⑩、革の手袋を着用。熊避けスプレーはもちろん、１００均で買った音の出るおもちゃのピストル（タマは別売り）を携帯した。ちなみにこいつは爆竹のような大きな音を8連発出せる。威嚇には最高のコストパフォーマンスを発揮する。ただし、

⑪

⑫

対象年齢が6歳以上と注意書きがあるので必ず守るように。

——渡りに船！　同行者現る

しばらく歩いていると、後ろからクルマが2台やって来た。彼らは地質調査の作業員で、後続のクルマが横に止まった。どこへ行くのかと問われたので「この先に昔、宇津内という駅があって、その跡地に行く」と伝えると、かなり興味を示した様子。作業員氏曰く、朱鞠内湖とウツナイ湖を結ぶ導水トンネルを見たいが、危険なため一人では行けないという。そこは宇津内駅の近くなので、双方の目的が見事に合致した。私が熊避けのスプレーを持っているということで安心したらしく、クルマに同乗させてもらった。こんな山奥でまさかの奇跡が起きた！

作業員氏は周辺の林道を熟知しており、林道の最後で降車⑪。歩いて５００ｍは進んだ所に、深名線の路盤跡が横

⑬

⑭

⑮

⑯

切っていた。そこから細い歩道を降りて行くと導水トンネルがあった⑫⑬。朱鞠内湖の雨竜第一ダムとウツナイ湖の雨竜第二ダム⑭の水量調節に使う重要な水路である。この導水トンネルやダム建設のために宇津内駅が造られたのだ。

――もしも、ここに現役の駅があったら……

作業員氏は山歩きに慣れており⑮、次の宇津内駅への行軍も先導してもらった。深名線の路盤跡は少ないながらもバラストが残されているので⑯、200mほど進んだ所で木がなく高い草だけの広場に出た。作業員氏の判断とともに、スマホのGPSでもここが宇津内仮乗降場の跡と断定。1941（昭和16）年10月10日に開業し、1956（昭和31）年11月以降廃止（※廃止年月日不詳）の幻の秘境駅跡に到達したのだ。

だが、ただの廃線跡というだけでなく、今から60年前の廃駅なので、何も残っていなかった。もしここが現役だったら、秘境駅ランキング1位の室蘭本線の小《こ》幌《ぼろ》駅を凌駕する存在だったはず。とにかく、こんな山奥で一人喜び悦に入る私を見て、作業員氏はどう感じたのであろうか？　いや人の評価なんて気にしては駄目だ。我が道王道を行く精神でどんな場所でもガンガン進むのだ！　齢50にして勢いは増すばかりで、普段の仕事は青息吐息なのに、なぜかいま全身に力が漲っていた。

――現地で見るものこそ正しい

ご同行いただいた作業員氏にお礼とともに別れを告げ、次のターゲットになる白樺駅の跡へ向かう。前に書いた通り、道道528号線が通行止めのため、国道275号で迂回して母子里《もしり》側から入った。白樺駅は、1941（昭和16）年10月10日に開業し、開拓の前線基地として、また木材搬出で賑わった。しかし、輸入

⑰

⑱

木材の隆盛に押されて人口が流出。１９６５（昭和40年）には無人地帯になっている。それでも駅は存続し、１９７７（昭和52）年12月に冬季休止になるが、国鉄分割民営化でも冬季休止の臨時駅として存続した。１９９０（平成２）年３月10日に冬季休業のまま廃駅になった。

　母子里側から道道６８８号線に入り、しばらく行くと北大演習林の白樺駅前林道という入口を発見⑰⑱。しかし、道路の反対側を見ても駅跡らしき痕跡は見当たらない。雨も強まるし大いに弱った。ふと、先ほど通過した白い布で覆われた木があった場所を思い出し、数百ｍほど戻った。そこは広場になっていて、２本の白樺の木を中心に駅前ロータリーを形成していた⑲。まさしくここが白樺駅の跡だった。カーナビに緯度経度を入れて案内させたが、かなりズレが生じている。ウィキペディアの情報を鵜呑みにしてはイケないことを悟る。

　廃線跡はブルドーザーが均した作業道になっており、広

⑲

⑳

場には北大の研究林として保護する対象の木は、足場が組まれ、白い布が被せられている。あいにく木の種類まではわからずじまい。それ以外には、あちこち歩き回っても痕跡を探すが発見できず、次の蕗《ふき》ノ台《だい》駅の跡へ向かった。

――双子の兄弟駅の姿は……

クルマでわずか数㎞あまりなので間もなく着いた。駅跡とおぼしき広場⑳は造成なのか残土の処分かわからないが、盛土できれいな台形に整地されていた。これでは駅跡を探索することは困難である。ちなみに蕗ノ台駅は先の白樺駅と双子の兄弟的な存在で、開業日も冬季休止の臨時駅への降格も、さらに廃駅までもが同年同日とあって、生い立ちから一貫して運命をともにした存在であった。もともと蕗が多かった場所から名づけられたようだが、流行りの住宅地のようなネーミングとは全く趣を異にする。厳しい気候と酸性土壌という農業には向かない環境から離農者が相次ぎ、最後まで残った家も1972(昭和47)年の夏に離村して無人地帯になっている。さすがに廃線から27年も経つと路盤の跡もハッキリしない。せめて駅跡の土盛さえなければ、何かを発見できた可能性もあり、忸怩《じくじ》たる思いが募った。

——天北線沿線を目指す前に音威子府そば

その後、母子里に戻って国道275号で美深《びふか》に抜けた。次のターゲットは天北《てんぽく》線の廃駅群である。まず路線の起点である音威子府《おといねっぷ》駅に立ち寄った。ここは常盤軒という音威子府の駅そばで有名な店があり、不定期な休業ばかりで気まぐれな店としても知られる。今回、偶然にも営業しており、さっそく天玉そばをいただいた。黒い独特のソバはほんのり香りがあってなかなかの美味だ。これで2勝3敗(5回訪れて2回食べられた)だから、まずまずの成績かもしれない。

さて、この天北線は1914(大正3)年に一部開業し、8年後に全通している。当時は宗谷線と呼ばれ、最北の稚内へ至るメインルートであった。まだ現在の宗谷本線が開通する前のことだ。その後、後進の天塩《てしお》線(今の宗谷本線)にメ

インルートのお株を奪われ、ローカル線に転落。おまけに廃線の憂き目に遭ったのだから、つくづく不運な路線である。音威子府の駅舎内には天北線資料館もあるが、私はリアルの駅跡に興味があるので、さっそく国道２７５号を旧天北線沿いに進んだ。まずは隣の上音威子府の駅跡だ。

　路線が最初に小頓別《しょうとんべつ》まで開通した１９１４（大正３）年11月７日に開業している。ピークは昭和30年代だったが、１９７３（昭和48）年９月17日に貨物・荷物の取り扱いとともに交換設備が廃止。晩年は冬期休止の臨時駅へ降格し、最期は路線の廃止と運命をともにした。駅跡は国道２７５号沿いにある。交通安全と書

㉒

かれた黄色い旗が立っている脇道を入ると、すっきりとした広場に出るやいなや、きれいに整備されたホームが現れた。駅名標もきれいに復元されている。駅舎こそないが、どうやら地元の有志が保存のために力を尽くしたようだ㉑㉒。藪漕ぎを覚悟していた身にとってはいい意味で意表を突かれた。感謝しきりである。

――今回の旅のメインは50年以上前に廃止された秘境仮乗降場

一通り撮影して、いよいよ今回の最大のヤマ場へと向かう。そう、天北栄仮乗降場跡へ挑むのだ。ここは栄川沿いにあり、天北線で唯一のトンネルだった天北トンネル（３６７ｍ）の小頓別側からほど近い谷間にある。ここは国道２７５号の天北峠から１㎞ほど手前が一番近い（直線距離でおよそ４００ｍ）が、急峻な原生林の山に阻まれ直登は難しいものと判断。国土地理院の地図を見ると近くまで林道が通っている。Google Maps の写真で見る限り、木が密集していそうもない所は踏破できそうだ。少々大回りになるが順当に林道経由でアプローチして、

途中から天北線の廃線跡をたどることに決定。
国道から左折して林道に入ったが間もなくチェーンで通行止め㉓。車両通行止め覚悟はしていたので、準備を整えてから徒歩で突入した。30分ほど歩いたが一向に廃線跡らしきものが見えてこない。さすがのスマホも電波の入りが悪くバッテリーの減りが早いため、分岐点などピンポイントでの使用に留めた。

——恐れていた動物との邂逅

急な坂を上って目標の右に行けそうな小道を発見。このまま進めば到達できそうな方向だ。だが事態は急変した。熊笹の茂みが大きく揺れ、動物園で聞いたような唸り声が聞こえてきた。まずい！　間違いなくヒグマと確信。そっと熊避けスプレーのセーフティクリップを外して臨戦態勢に入った。さらにガサガサと熊笹が揺れ、グガァッと威嚇の雄叫びを上げてきた。どんどんこちらへ近づいて来る！　１００均の音の出るおもちゃピストルをパンパンと2~3発鳴らしたところ、木が大きく揺れて、ちらりと真っ黒な体が見えた。もう数mくらいに近づいている。おもちゃのピストルの音なんかには動じないのか！　これは危険と判断して引き返すことにした。スプレーを握りしめながら、ゆっくりと歩いて離れた。野生動物は目を見たら最後だ。後ろの気配を確認しながら100mくらいは普通に歩き、その後は半走りで来た道を戻った。幸い追ってくることはなかったが、全身に滝のような汗をかいてぐっしょりになった。

ひとまず撤退。クルマに戻ってエンジンをかけ、エアコンの風を浴びながら息を整える。熊との遭遇をはっきり認識したのはこれが初めてだ。去年の8月、天塩川沿いにある神路駅の探索で茂みが揺れ、スプレーの準備をした経験はあるが（第2章参照）、先ほどのように「俺の縄張りに入るなコラ！」みたいな怒られ方をされ、どんどん近づいて来るのは恐怖以外の何物でもない。10分ほどで落ち着いたので、もう一つ目星をつけた林道へ歩き出した。我ながら懲りない奴だ。

しかし、この林道を行けどもGPSの目標から外れて行くだけで要領を得ない。そのうち先ほどのチェーンのゲートが現れた。おかしい。どうやらこちら側は自由に出入りできる様子。道も二股に分かれていたので迷わず、国道側へと降りた。仕方ないので歩道のない国道沿いを4㎞くらい歩いてクルマへ戻った。大いなる時間の浪費である。どうにも煮え切らず、今度は先ほどの林道をクルマで行ってみたが、天北線の痕跡など手かかりもないまま小頓別へと出てしまった。もう夕方である。クタクタだし腹も空いて体が悲鳴を上げている。本日の行動はこれにて終了。敏音知《ぴんねしり》の温泉に入って、分厚い生肉のジンギスカン定食を食べ、国道を挟んで向かいにある道の駅で車中泊することにした。

――天北線の廃線跡はサイクリングロード

3日目の朝、背中に痛みを覚えて起床。なんとエアマットがパンクしてペッタンコになっていた。つくづくついていない。どうやらリアゲートを閉じるときに挟んだようで、小さな穴を開けてしまった。修理する道具を持ち合わせていないので、明日以降もノンマット状態で過ごすことになりそうだ。

コンビニで買ったパンと自販機の缶コーヒーで朝食をとって出発。昨日、未到達を喫した天北栄は午後に回して、ひとまず今日最初の目標である山軽《やまがる》の駅跡へ向かった。ここは1919（大正8）年11月1日に開業し、天北線の廃線まで残った駅だ。クッチャロ湖の大沼と小沼を結ぶ運河のような川沿いに開かれ、開拓

㉔

㉕

で伐採した木材を湖面に渡らせ、この山軽駅に集積したことで発展したという。だが、木材需要の減少と農業に適さない気候風土によって、高度経済成長期にはすでに離村してしまい、１９７１（昭和46）年の時点で年間の乗降客がゼロを記録している。不謹慎かも知れないが、これだけ早期に見放された土地というものに興味を抱き、途中、周磨《しゅうま》、新弥生といった駅跡に寄りながら、オホーツク海に面する浜頓別へ抜けた。

目標は廃線跡がサイクリングロードとして整備されている区間にある㉔。当然ながらクルマは走れないため、未舗装路の車道を走りながら駅の方向へ折れる道をくまなく探す。酪農家らしき人家の反対側へ続いている小道を発見！　背丈近くの草が生えていたが、カッパを着込み、長靴を履いて突入した。歩いて数分ほどで待合室の屋根が見え、ガッツポーズを決めながらホームに立った。茶色にさびついた駅名標に文字は判別不能㉕。最後の「る」だけがかすか

にわかるくらいだ。「休けい所」と看板に書かれた小屋が残っていた㉖㉗。とにかく黄昏感は第一級の駅跡に間違いない。いつもなら一通り撮影を終えると立ち去るが、ここは敢えてぼんやりする時間を取った。ホーム跡に寝転び空の雲を眺める。ここまで好き勝手に自由を謳歌していると、時折、罰でも当たりそうで怖くなる。ダメだ、仕事仲間の顔を思い出した……。

㉙

㉘

――安別、飛行場前

クルマに戻って、次の安別《やすべつ》駅の跡を訪問。山軽と同じくサイクリングロードの途中にあるが、車道と踏切跡で交差しているため訪問は容易だ。例の「休けい所」の看板が掲げられた建物と通信機器室の跡が残っている㉘。すでにホームはない。恐らく板張りの簡易なものだったのだろう。

隣の飛行場前駅跡は、板張りのホーム

が取り壊されずにフレームだけになった駅名標の跡とともに残っていた㉙。こうして今も、廃線から27年余の歳月を大自然の猛威に晒されながら、朽ちて行く途上にある。ホームは所々に大穴が開き熊笹が飛び出している。こんなホームへ不用意に乗ってしまえば、腐敗した箇所から落下し、怪我を負うこと請け合いだ。くれぐれもセルフィーとかのたまって調子に乗らないように、警告しておく。

飛行場前という不思議な駅名だが、周囲に空港がある訳ではなく、かつて付近に大日本帝国陸軍の浅茅野《あさじの》第一飛行場があったことに由来する。太平洋戦争中の1944（昭和19年）に建設されたが、翌年の1945（昭和20年）には戦争は終結したため、ほとんど使われないままで役目を終えている。まさしく幻の飛行場といわんばかりのミステリアスな物件だが、飛行場に関連する建物は昭和26年には取り壊され、もはや何も残っていない。

――バブル時代の徒花駅跡は……

その後、小石《こいし》、曲淵《まがりふち》㉚、樺岡《かばおか》㉛といった駅に寄りながら、最終的に東声問《ひがしこえとい》という臨時駅の跡を訪ねた。ここの開業は1987（昭和62）年の6月1日。国鉄分

㉚

㉛

㉜

割民営化のわずか2カ月後のことだが、目的が稚内空港の新滑走路の完成に合わせて記念に造られたもので、翌日の6月2日には廃止されている。何と1日限りの駅ということで、バブル時代の、無駄遣いを美徳としたお祭り的な産物であった。もちろん日本の鉄道駅の営業期間としては最短である。駅跡は滑走路の延長線上にある誘導灯の真下にあったようで、もっともホームは建設されず、列車のドアの脇にタラップのような階段を寄せて乗降させたらしい。それでも駅として記録に残るのだから、長きに渡る鉄道史上のなかでも子供の悪戯みたいな出来事といえよう㉜。

――天北栄へのリベンジ

稚内市という最北の地にやって来た

が、私は一般的な観光などに全く興味がなく、そのまま国道40号（幌富バイパス）を音威子府まで南下した。もちろん昨日到達できなかった天北栄へのリベンジである。

　音威子府からそのまま国道275号へ入って天北峠の手前にある、天北右股林道という分岐点にやって来た。ここもチェーンでゲートが閉められていたが、クルマを邪魔にならない場所に駐車し、歩いて林道へ向かった。しかし、わずか30分程度で行き止まり。目標にも若干ずれている方角であった。

　仕方なく引き返してクルマに乗り、今度は小頓別にある変電所の脇から延びる栄川沿いの道へアタックしようと試みた。だがここは完全に変電所の中にあり、鉄柵で厳重に閉められていた。脇には天北線の廃線跡と思える道もあったが、こちらは工事車両が入っており、立ち入り禁止の看板が掲げられている。かなり執拗に迫ったが、今回は計画倒れに終わった。

　残る道はただ一つ、音威子府側から廃線跡の天北トンネル（367m）を潜り抜けてたどり着く他はない。今回はヘルメットと有効な照明がないため、次回の課題として密かに企てている。

——名寄本線の廃線跡へ

気づくと午後も3時を回っていた。北海道の日の入りは早いため、モタモタしていると先のプランが計画倒れになりかねない。次の目標は名寄本線の班渓《ぱんけ》駅の跡だ。しかし150㎞以上も離れているため、ルート選定は慎重になった。もっともわかりやすいのは国道だが、こういう時には積極的に内陸の道道を抜ける。なぜなら交通量が少ないうえ、信号もほとんどない。さらに取り締まりのリスクも少ない。

歌登《うたのぼり》から乙忠部《おっちゅうべ》へ抜けて国道238号へ出た。途中、紋別の安売りセルフGSで給油することも計画通りに運んでいる。興部《おこっぺ》から国道239号で再び内陸に入る。ポイントは興部川と班渓川の合流地点だ。しかし肝心な駅跡は国道にこそ近いが、川を隔てた山林のなかにある。すっかり夕方になって撮影のタイムリミットも迫ってきた。幸いにして昨年カメラを更新しており、ISO12800まで使えるが、相手は薄暗い森林の中だから油断は禁物だ。

㉞

㉟

名寄本線の廃線跡はすぐに見つかった。脇道にクルマを止めて、頭にヘッドランプを灯しながら、熊笹をかき分けて行く。ヒグマの出没は心配だが、昨日の一件で覚悟は決まった。もし出くわしたら無慈悲に唐辛子スプレーの機銃掃射を浴びせるだけだ。何だか天北栄のロストが悔しくてヒグマに八つ当たりしたい気分だった。そんなことを思いながら薄暗い路盤跡を進んでいたら、突然溝に足を取られて弁慶の泣き所（向こう脛）を強打した。うぅ……。

焦ってはダメだ。少し冷静になってゆっくり進んだら、今度は白骨化死体を発見㉞。うわっ！　ご丁寧にもしゃれこうべつきのフルコースだ。もちろん人間じゃなくてエゾシカだが、いきなり足元に現れたのでかなり心臓に悪かった。いったい俺は何をやっているのだと半ば挫けそうになった所で、プレートガーダーの班渓川橋梁に出た㉟。駅跡は50ｍほど手前の、大木がない熊笹の長細い広場に間違いない。さらにパンケ滝に向かう車道へ抜けるわずかな踏み跡も確認した。撮影の明るさもギリギリ間に合ってホッと一息。まったくスリル満点の探険である。

こうして、すっかり日も暮れて今日の駅跡巡りは終了。強烈に腹が空いたので、さっそく湧別へクルマを走らせた。目的はオホーツク海沿いに出るといつも立ち寄るリボン食堂だ。ここのホタテ定食は１６００円で大満足のホタテづくしだ。美食の欲求とともにお腹を落ち着かせて中湧別の駅跡にある、かみゆうべつチューリップの湯に入った。入浴後はもちろん車中泊である。もはやマットのパンクなんかどうでもいいくらいに熟睡した。

――「網走本線」の廃止仮乗降場

４日目の朝、あいにくの雨だった。今日は移動距離が長いので、目標のピンポイントで止めればラッキーである。いつも通りなるべく国道を避けながら、サロマ湖沿いの計呂地《けろち》から道道をまっすぐ南下して留辺蘂《るべしべ》へ抜ける。北海道でおなじみのセイコーマートで食糧調達をしながらさらに国道２４２号で置戸《おけと》町へ出た。目指すは旧国鉄・網走本線の釧北《せんぽく》仮乗降場の跡だ。

なぜ、「ちほく高原鉄道ふるさと銀河線の」ではないのか？　さらになぜ、前身の旧国鉄・池北《ちほく》線でもないのか？　という問いに対して、理由を予め述べておこう。歴史（話が）長いので悪しからず。

この仮乗降場は1916（大正5）年11月1日に網走本線の釧北信号所として開設。後年に信号場と呼称が変更された。しかし、1931（昭和6）年4月7日に閉鎖され、廃止されてしまった（時期不詳）。それでも保線事務所（線路班）としての役割は継続しており、1948（昭和23）年7月1日に関係者（家族を含む）を対象に仮乗降場として復活している。その後、1957（昭和32）年6月1日に廃止されたが、石北本線の全通と線路名称の整理により網走本線が池北線と改称されたのは、ここが廃止された3年後の1961（昭和36）年4月1日のことだ。よって、訪れるターゲットは網走本線の仮乗降場の跡という訳である。

国道242号の池北峠の手前を左に逸れる林道を発見。入って100ｍほどで、バラストがはっきりとした線路跡に出た。クルマを置いて徒歩で1㎞ほど歩いただろうか、熊笹が生い茂る大きな広場に出た。間違いなく釧北仮乗降場（信号場）の跡地だ。その先へしばらく歩くと、置戸町と陸別町の町境を示す標識が立っていた。

㊱

こんな無人地帯の山奥だが、ちほく高原鉄道が廃線になった２００６（平成１８）年4月20日から9年ほどしか経っていない。線路こそ剥がされたが、バラストの路盤がしっかりと残っていた。その気になって線路を敷けば、復活できそうな雰囲気さえ漂っている。跡地は開けた広場だけかと思いきや、10mほど離れてポカンと草が生えていない箇所を見つけた。何だろうと近寄ると、信号場時代の詰所（保線事務所）のコンクリートの基礎部分だった。ここが現場だという確信に、安堵と喜びの念に包まれた。

――西へ向かって士幌線沿線へ

クルマに戻ると雨が激しくなり、間一髪でずぶ濡れを免れた。次のターゲットは旧国鉄・士幌《しほろ》線の黒石平駅と電力所前仮乗降場の跡である。国道２４２号で陸別と足寄《あしょろ》を経て、国道２４１号から同３７３号へ上士幌の町を経由せずにショー

トカットしながら黒石平のスノーシェッドに着いた㊲。通行の邪魔にならないように道路脇に駐車し、今も残る駅入り口の階段を下りて行く㊳。

鬱蒼とした森林のなか、道路の擁壁の下に細々と路盤の跡が続いている㊴。ホームの跡はなかった。駅へ降りて行く階段の存在が唯一の収穫だった。1㎞先の電力所前仮乗降場へ線路跡をたどりたかったが、昨年の台風の影響か、あちこちに倒木があり、おまけに崩壊しそうな第三音更《おとふけ》川橋梁が控えている㊵。ここは安全第一を考え、クルマで向かうことにした。

雨が激しくなり、しばらく車内で待機していたが、小雨を見計らって飛び出した。国道沿いにある黒石平のバス停は電力所前仮乗降場に近い所にある。この2駅はまさに兄弟関係と呼ぶに相応しい。当時の全国版の時刻表に掲載されているのは黒石平駅だけで、そこに上下の列車が停車するように記載されていた。しかし、実態は糠平《ぬかびら》方面の下り

㊴

㊵

列車は黒石平だけに停車し、帯広方面の上り列車は電力所前だけに停車するという特殊な運用がされていた。

利用者のほとんどは電力所の関係者ばかりで、利便性を考えれば上り下りとも全列車を電力所前に停めたいところだが、設置された所が急勾配のため、停車後の再発進ができなかった。恐らく帯広方面へ遊びに行くときには家の近くから楽に乗れたが、遊び疲れた帰り道は1km以上離れた誰もいない黒石平で降ろされ、ビクビクと暗い夜道を歩いたに違いない。「行きはよいよい帰りは怖い」という「通りゃんせ」の世界がリアルに繰り広げられていたと想像する。

この電力所前仮乗降場の跡はもっと山側にあって、現場は緩やかな登り勾配の林道に沿っていた。これでも鉄道にとっては鬼門だったのだろう。付近に住居跡とおぼしき入り組んだ道と小さな区画らしい空き地が幾つもあった。この小さな集落に住みながら日夜、電力所の仕事に明け暮れ、久しぶりの休日に家族総出で帯広の町へと繰り出したのだろう。

――謎に包まれた廃止仮乗降場

次に糠平ダム仮乗降場の跡へ行ってみることにした。糠平大橋㊶の真下ということだったので、脇道に曲がって行くと未舗装路になった。少し轍が掘れている様子なのでじわじわと進んだら、ズリッとした感触とともにクルマが傾いた。これはまずい！　幸いにして右側の後輪だけだったのと、フルタイム4WDだったので、アクセルを煽ると同時にブレーキをかけるタッピングを使いながら前進で脱出に成功。その後、タイヤ一本分のミスも許されない気合の後退で現場を抜け出した。クルマを降りてボディのキズをチェックしたが、ラッキーなことに無キズなのでこのまま返却しても問題なさそうだ。

㊶

雨も降っているし、これ以上の無理は止めることにした。結局、糠平ダム仮乗降場の跡は未到達になったが、まあ次回来た時にでも歩いて行くことにしよう。さすがに肝を冷やしたので、すぐ近くの糠平温泉へ直行。湯元館の露天風呂は他に誰もいなくて独り占めだった。雨の中、頭に洗面器をかぶってほのかな硫黄の香りに酔いしれながら、極上のひと時を過ごした。

——根室本線旧線へ

すっかり気分を直して、今日は終わりにしたいという気持ちも正直よぎったが、先に進まないと後悔することは明白だ。次の大きなターゲットは旧根室本線の狩《かり》勝《かち》信号場である。ここは１９０７（明治40）年に蒸気機関車の給水給炭施設として開設され、１９２２（大正11）年から正式な信号場になった。旅客扱いは１９５１（昭和26）年から開始されたというが、既に昭和初期には単式のホームが備えられていたという。石狩と十勝の一文字からそれぞれ取られた天下の険で、25‰の急勾配が延々と続く過酷な峠である。信号場はスイッチバックを備えた規模の大きなもので、長編成の列車を受け止める引き上げ線と加速線を備えている。とにかく到達しなければ禍根が残るほどの大物件ゆえ、意を決して臨んだ。

㊸

㊷

国道38号の狩勝峠を落合側へと下って大きなΩカーブを過ぎたあたりで右へ折れる林道へ入る。しかし、嫌な予感がよぎり、少し広がった広場にクルマを停めてから歩いて行った。案の定、昨年の台風災害で無秩序に広がった幾本もの川によって道路は寸断。橋も流された様子なので、少し上流へ遡り、浅瀬を渡河してクリア。ひざ丈近くの長靴が威力を発揮した。その先は旧根室本線の路盤が続いている。当時の通信線の電柱（通称ハエタタキ）㊷を横目におよそ2㎞で加速線の築堤が合流して来た㊸。遂に狩勝信号場の跡地に到達したのである。

現場には、保存会によって立てられた立派な案内板もあるが、道路が寸断された以上、ここへ来るのは困難を極める。このまま歴史の中に埋もれていくのだろうか。加速線の跡を最後までたどってみたが、かなり長くて数百m以上はあった。編成の長さもさることながら、険しい峠へ挑むため、充分な加速距離が必要だったのだろう。その後、信

㊹

㊺

号場中心部の探索をしたところ、あちこちに建物や信号機などの基礎が点在していた。単なる詰所だけでなく、住居や風呂場の跡までバラエティに富んでいる㊹。まさに一つの集落が形成されていたような大規模な物件であった。

そして旧狩勝トンネル（９５４ｍ）の坑口へ行ってみた㊺。重厚なレンガ積みの暗く不気味な佇まいは、訪れし者の度肝を抜くほどの迫力だ。１９０７（明治40）年９月８日に開通し、１９６６（昭和41）年に廃止された。札幌方面からトンネルを抜けると十勝平野が一望できる日本三大車窓の一つに数えられたが、乗務員にはとりわけ過酷な運行を強いた峠であった。トンネルの断面も小さく排煙もままならず、絶えず窒息と隣り合わせの危険な乗務を余儀なくされた。まだ耐用年数のある60年弱の使用で廃止されたのも、過酷な環境が労働争議にまで発展したことで新線（現在の根室本線）の建設した契機が促進されたからのようだ。

トンネルの入口はフェンスが張られ、内部へ進入することはできない。しかし、坑口近くのレンガ巻きが崩れている。もしかして、忌まわしきタコ部屋労働の犠牲者が人柱として埋められた跡なのか……。長居は無用である。脇の引き上げ線をしばらく行くと、熊笹の中でガサガサと何かが動いた。とっさに熊避けスプレーの発射準備をしたが、鳴き声も聞こえてこなかったので、恐らくエゾシカか小動物だろうか。とにかく心臓に悪い。

あちこち探索しているうちに夕刻が迫って来た。雨も降っているし、先ほど渡河した川がさらに増水しても厄介だ。こうして気持ち早足になったが特に大きな障害はなく、無事クルマに戻ることができた。こんな私が珍しくも街中の食事処に行きたい欲求に駆られ、道東自動車道で千歳へと急いだ。結局、とんかつ屋で無事に満腹を達成。宿なしであっても食事はエネルギーの素だから蔑ろにはできない。こうして今日の探索は終了するが、明日はレンタカーを返して午後の航空機で帰路に就かなければならない。

ターゲットはあと一駅。翌朝早く訪れたいため、支笏《しこつ》湖方面へ向けて発進。国道276号沿いにある道の駅大滝で車中泊した。

――胆振線の尾路遠仮乗降場

５日目の朝、今日は旅の最終日。新千歳空港から15時５分発のＪＡＬ３４０６便で広島へ帰る予定だ。残された駅は一つ、旧国鉄胆振《いぶり》線の尾路遠《おろえん》仮乗降場跡だ。ここは１９４１（昭和16）年10月12日に胆振縦貫鉄道の尾路遠停留場として開業。その後、国有化され胆振線となり仮乗降場になった。当初は上下線のどちらにもホームがあったそうだが、１９６１（昭和36）年頃に片側が撤去され、１９８５（昭和60）年の末頃に自然消滅的に廃止されている。もっとも胆振線の廃止が１９８６（昭和61）年１月１日で、国鉄分割民営化の前年であり、ここは駅への昇格も果たせず仮乗降場として終わっている。

尾路遠の名には幾多の説があり、元はアイヌ語のオロ・ウェン（orouen）で「その中がよくない」に由来する。尻別川の支流であるオロウェンシリベツ川は川底に岩が多く歩きにくい所という意味のようだ。もっとも開業当時の地名は徳《とく》舜瞥《しゅんべつ》村字王朗園《おろえん》で、大正期に尾路遠と改められている。しかし、駅名標の文字が尾路園《おろえん》になっていたり、トンネル名が尾路焉《おろえん》（後に平仮名へ変化）だったり、とにかく名称の変遷は謎に包まれている。

——地元の方の証言こそ

そんな謂れの駅を訪ねることは容易ではなかった。明るくなった早朝6時過ぎ、ウィキペディアの緯度経度の情報を頼りに国道から林道へ入ったが、植林地の丘へ出ただけで、廃線跡らしきものが一向に現れない。ニッサンのシビリアンの廃バス㊻には萌えたが、大した収穫もなく1時間あまり歩き回って元のクルマに戻った。ふと国道沿いに民家が2軒あることを思い出し、尾路園仮乗降場の所在を訪ねることにした。

1軒目は40代くらいの女性が出てきた。ここに越して10年ほどなのでわからないが、お隣の人なら多分知っているのではと言う。礼を言って隣の人家を訪ねた。物知り風で元気そうな初老の女性が出てきた。尾路園の駅跡は山菜取りで入るという。詳細な場所を教えていただいて唖然とし

㊼

㊽

た。何と私が朝方に歩き回っていたのは国道を挟んで反対側だったのだ。これは最高の出会いではないか！　飛行機に乗るまでの時間を勘案し、最後の1時間に賭けることにした。

　失敗は絶対に許されない。人家の裏に延びる林道を数百m登った所にゲートがあり、そこに胆振線の廃線跡が現れた。クルマを置いて1㎞ほど、倒木をくぐり、藪をかき分けて行く。コンクリート擁壁に落石防止柵がかかる切通しを抜けた所にポカンとした広場があった㊼㊽。背後に木柵が立てられている㊾㊿。どうやら現場に到達したようだ。一応、ロストすると悲しいのでもう少し先へ行って見ると何やら建物の鉄骨らしきものが谷間に落ちかけているのを発見。そこは狭い土盛りの尾根みたいな所なので、明らかに行き過ぎだろう。こうして元のクルマに戻り、先ほど教えていただいた家をもう一度訪ねたところ、今度は旦那さんと一緒に外に出ていた。訪問の状況を話しながらカメラ

㊾

㊿

のプレビューを見てもらい、やはり木柵のある広場が尾路園仮乗降場の跡とのことだった。地元の方に聞くのが確実で、今回は本当に助けられた。深くお礼を言って別れ、一路、千歳へと向かった。

宅配便の営業所へ、道中スーパーの買い物でもらった段ボールへ熊避けスプレーを含む荷物を梱包。無事に発送手続きを終えた。ガソリンを満タンにしてレンタカー返却。林道走行で汚したので何か言われるか心配になったが、特にお咎めなしで無事に返却完了。バスで空港へ送迎してもらい、留守中の家族と迷惑をかけた職場へのお土産を買い、数日間とはいえ、実に濃い時間を過ごした北海道を後にした。今回は天北栄仮乗降場と糠平ダムをロストしたが、天候や準備不足など反省すべきことがあった。次回こそ必ずや到達すると意を強くした。

08

究極の旅グルマ　キャンピングカーを入手！

——漠然とした思い入れが、とうとう現実に

２０１７年６月、とうとう私は念願のキャンピングカーを手に入れた。長年の夢が叶ったという嬉しい気持ちになった。11年落ちの古い中古車とはいえ、私にとっては高価な買い物だから当然だ。狭く冷え冷えとした商用車の荷台で車中泊をしてきた日々を思えば、別天地のような快適さを手に入れた喜びは何物にも代えられない。

入手したキャンピングカーのタイプは「キャブコン」といわれる、トラックをベースにＦＲＰ製の居住空間（シェル）を架装したもの①。機動性を考えればハ

①

イエースに代表される「バンコン」も魅力的だが、どうせ非日常的なクルマを買うのならば、あまり妥協せずに本格的なものにしたかった。けれども、大きすぎても機動性が損なわれるので、一般的なトヨタのカムロードベースではなく、マツダのボンゴベースで造られた小ぶりの「ライトキャブコン」というクラスにした。１８００ccのガソリンエンジンで非力なのが欠点だが、うちの家族は嫁さんと子供一人の三人家族だから広さは充分である。こうして旅の移動手段としてだけでなく、後述するが、会社勤務のサラリーマンである生活手段として（笑）、日々活躍している。

――野宿ライダーだった過去

さて、ここで今まで私と歩んだ旅の相棒のお話から始めようと思う。今でこそ少しは名の知れた鉄道ファンの私ではあるが、元はオフロードバイクで全国の林道を放浪していたライダーであった。今から30年以上前の１９８５年、弱冠18歳の時に中型二輪免許を取得してから、43歳までの25年間を、オフロードライダーとして全国の林道を野宿しながら走破してきた。林道の広場にテントを張り、焚火を囲んで酒を飲み、そしてシュラフにくるまりながら泥のように眠る。僭越ながら私の座右の銘は「旅は生活の一部」だ。「メガネは顔の一部」ではないが、旅を日常の生活として繰り返すシンプルな過ごし方にこだわった。会社員ではあったが、休日はこんな調子だったから、当然ながら人づき合いも悪く、結果として出世も遠のいた。変人と嘲笑されても、本当にその通りなのだから反論の余地はない。それでも自分らしい生き方を貫いていたため、過度に人目を気にするような羞恥心などとっくの昔に忘れてしまった。

――贅沢三昧だったバブル時代にしていた貧乏旅

休日とあれば鉄砲玉のように遠方へ出かけてしまう生活は、当然ながら経済的な困窮を招いた。それでも時代はバブルで将来への不安はなく、周りも右肩上がりの感覚が席巻していた。貰える給料がそれほどでもないのに、今月は旅に幾ら使えるのか、銀行の残高だけで突っ走った。ガソリン代、高速代、各種パーツ代、アウトドアグッズ代などが重く圧しかかるので、普段の節約だけでは足りず、旅での生活にも影響が及んだ。そんな人間だから、旅は清貧を是としていた。贅沢は敵だったのだ。

それでも多数のバイクを乗り継いだ。ヤマハＦＺ４００Ｒ↓ヤマハＤＴ１２５↓ヤマハＸＴ２５０Ｔ↓ホンダＸＬＲ２５０ＢＡＪＡ《バハ》↓スズキＤＲ２５０Ｒ↓ホンダトランザルプ４００Ｖほか複数台を所有した。こうして散財しておきながらいい加減なことを言う奴と思われそうだが、せいぜい３万km程度の耐久性しかないバイクは、飛ばし気味に長距離を走る私にとっては乗り換えていく他はなく、他で節約するしか道はなかった。そんな歪んだ嫉妬心から、当時は大きくて豪華なキャンピングカーなどは敵視していたし、馬鹿にもしていた。酷いことを言えば金持ちの年寄りが乗る、最後のクルマだと……。

――バイクを降りた理由

あれほど好きだったバイクを降りたのは、43歳にして待望の子供を授かったからである。運動神経や反射神経にいくら自信があっても、加齢による衰えは根性や精神力では賄い切れない。バイクだけでも30万㎞は走ってきた。エンデューロレースにも出場経験があった。滑りやすいオフロードで鍛えたテクニックを駆使して舗装路でも自由自在に操れるという根拠のない自信から、渋滞に嵌っているクルマのドアミラーをスレスレに避けながら意気揚々と飛ばしていく。そんな無茶苦茶な運転に自己陶酔していた精神的に未熟な私……。これを実年齢に抗いながら続けることは、死に直結することを意味する。たとえ死ななくとも、歩くことさえ叶わず、車椅子に頼らざる得ない生活だって現実にあるし、最悪誰かを巻き込んでしまったかもしれない。

思い返せば、自分は世間様に正々堂々としていられるようなマナーのいいライダーではない（スピードやスリルに溺れやすい）ことを自覚していた。先にも書いたが、いくら経験があっても加齢による衰えを認めない限り、あまりにスリリングな乗り方は、拙速な死を招くことに他ならない。子を持つ親の責任といえばそれなりに格好はつくが、少なくとも、待望の生まれてきた子供に悲しい思いをさせてはいけないと、柄にもなく真面目に考えた結果である。

――商用バンを活用した車中泊

バイクを降りた後、維持費が安くて荷室の広い商用車のバン（マツダ・ファミリアバン→トヨタ・サクシードバン）へと乗り継いだ。旅の手段をクルマでの車中泊に切り替えたのだ。テントを張ることは登山以外にはなくなり、おかげで雨の日でも快適な空間を手に入れることができた。最大の利点はテントの設営と撤収から解放されたことだ。同時に自然との距離が遠くなる残念な感覚こそあったが、当時40代半ばの私には丁度いい旅の手段になった。

後部座席を折り畳んでフラットな荷台を作り、多少の凸凹をマットで埋めるなど工夫しながら生活空間をこしらえた。頭がつかえるほど狭苦しい空間だったが、家族三人（私・女房・子供）で何とか乗り切れた。しかし、思いのほか子供の成長は早かった。女房と合せて三人での就寝は早くも限界に達したのである。

――やはりキャンピングカーが最適だ

そして私は50歳になった。だが、キャンピングカーは定年退職後に乗るクルマという固定概念に囚われていた。けれども、あちこちの道の駅で楽しそうに乗っている若いファミリーを幾度となく見かけた。そうだな、もう意味のない決めつけはやめよう。これでも半世紀も生きて来たのだ。今さらやせ我慢しても自分の体をいたずらに疲弊させ蝕むだけだ。いい加減にスピードからも卒業しないと、取り返しがつかなくなるかもしれない。

適当な理由をあれこれつけながら、女房へ何度も打診したが、却下、また却下の連続であった。女房にとってみれば、コンパクトカーしか運転経験がないのに、いきなり得体の知れない巨体を運転することなど無理な話だ。しかし、調べれば調べるほど、却下されればされるほどキャンピングカー熱はますます高まっていく。我ながら困った奴である。結果的にどんなに遠出しても私一人が運転するという条件がつけられた。本当は女房に運転させ、寝台特急（ブルートレイン）の感覚を味わいたかったという子供じみた理由もあったが（笑）。

――キャンピングカーというもの

さて、キャンピングカーというものは、大きい、重い、遅い、小回りが効かない、カーブでふらつく、風に弱い、燃費が悪い……と、スポーツカーと対極に位置する「運動性能最悪車」である。ところが、停泊した瞬間にあらゆるクルマを駆逐する勢いで最高の居住性能を発揮する。言うなれば、名は体を表すように「停泊性能最高車」なのである。いままで商用車以外にもパワーのある速いクルマにも乗っていた経験もあるので、相当にストレスが溜まるだろうと想像していたが、わずかな期間のうちに慣れてしまった。むしろ私のような、免許の点数が常に心配な諸兄にはお勧めのクルマである。なぜなら床が抜けるほどアクセルを踏み込んでも、取り締まりの対象として相手にされないのだから。

もっとも、速いクルマなんて誰が乗ってもソコソコ速く走れるが、非力なクルマをそれなりのスピードで走らせるにはテクニックが要求される。登坂での適切なシフトチェンジ、カーブでの限界性能の把握、過大な重量に対するプアなブレーキ性能に応じた停止位置の予測、そしてキャブよりも大きく張り出した居住空間（シェル）を考慮した車両感覚も必要だ。全高だって３ｍもあるから立体的に障害物を避けなければならない。最初は尻ごみすることもあるかもしれないが、要は慣れれば大丈夫だ。むしろ運転し辛いクルマこそ乗り応えがあるというものだ。

――キャンピングカー選びあれこれ

まずキャンピングカーを選ぶにあたり、以下五つの条件を満たすものとした。①家族三人が不自由しないスペースを有すること。②林道や雪道に強い４ＷＤであること。③長距離に耐えられること。④別荘的な使い方を想定するため快適であること。⑤手頃な車両価格であることである。

これらの理由を解説すると、①の居住空間は、運転席の頭上にバンクと呼ぶおでこのような空間が欲しかったので、バンコンは候補から外した。なぜなら子供の寝相が悪すぎて、いっしょに寝ると、私が夜中に身体的なダメージを負うからだ。車内が狭いとなおさらひどくなるので、成長とともに就寝空間の拡大は必須だった。②は悪路でスタックした場合、3t近くの巨体を普通のクルマで救出するのは無理だからだ。大型の救援車両を手配しなければならず、大がかりになってしまう恐れがある。③の耐久性は、トラックベースであれば重量があっても問題ない。多少ラフな使い方でも大丈夫だ。ちなみに最近人気の軽自動車ベースのキャンピングカーは維持費こそ安く済みそうだが、あの重量に660ccの非力なエンジンを延々とブン回していたら呆気なく壊れてしまうと考えて候補から外した。④の快適性ではFRPシェルを架装したキャブコンにこだわった。断熱材が入ったFRPボディとペアガラスの空間は保温性と遮音性に優れ、騒音の大きい高速道路のサービスエリアでも快適に睡眠できる。何よりバンコンのような鉄板の車体だと雨音さえもストレスになり、長旅での疲労の蓄積が問題になるからである。

一方、マイクロバスのような大型タイプは広大なスペースと煌びやかな豪華さを兼ね備えるが、価格も飛び抜けて高く、現実的ではない。もちろん広い道路しか走れなくなるし、停められる場所にも制限がかかる。私のような狭い道や林道にも突っ込んでしまう冒険屋には全長が5m未満で切り返しが容易な車体が必須だ。全長5m未満の車体は、全長で料金が決まるフェリーへの車両積載にも有利に働くのだ。こうしてあれこれ考えると小さいタイプのキャブコンが最適という結論に達した。マツダのボンゴやトヨタのタウンエースのような小型トラックをベースにした「ライトキャブコン」というクラスである。

――キャンピングカーは大人気　人気の中古車は奪い合い状態！

購入の決断をしたので早速クルマ探しを始めた。しかし、キャンピングカーは特殊車両だ。専門店から様々なお話を伺ってから購入を決めたい。時々普通の中古車屋さんでも見かけるが、ベースのクルマ本体の整備はできても、キャンピングカー特有の住宅設備のようなものに造詣があるかは疑問だ。年式が新しいうちならまだしも、10年以上経過した車両ならなおさらである。

偶然にも私の住んでいる広島県の田舎からそう遠くない所に、全国有数の大きなキャンピングカー専門店があった。そこへ幾度も通いながら多くのクルマを見させていただいてお話を伺った。インターネットでもたくさんの情報を得られたが、やはり実車を見てから決めたかった。予算はわずか300万円。もちろん大金ではあるが、キャンピングカーの世界では残念ながらプアな中古車しか選べないのが現実だ。これが新車になると数百万円のベースに様々なオプション（FFヒーター、冷蔵庫、ルームエアコン、サブバッテリーの増設等）に100万円をプラスし、さらに特殊車両としての取りつけや整備費用が攻めてくるのだ。何しろ普通のクルマのように工場で大量生産されたものをディーラーへ搬送する訳ではない。ベースとなる車体（シャーシーだけのトラック）に大きなFRPのシェルを架装し、職人さんが顧客の希望通りに一つひとつハンドメイドで仕上げていくのだ。納期も半年くらいかかるといわれる。いわば家具つきの注文住宅みたいなものだから、高価になるのは必然だ。それが、10年経った中古車でも半値にさえならない理由である。

主な購入層は会社を定年退職したシニアの方たちだ。退職金を武器にした彼らには、高額な車両であっても飛ぶように売れるという。特にディーゼルエンジンと4WDの組み合わせは鉄板で、全国から引き合いが絶えず、まさに奪い合いだという。事実、2週間くらい経って再び訪れると、置いてあるクルマがすっかり変わっていた。特に私の狙っているライトキャブコンは都市部での駐車スペースの問題や道路事情で特に人気が高いという。これは決断→即購入という臨戦態勢でいなければ入手できないことを意味していた。

――運命のクルマを発見！　その場で電話！

２０１７年４月下旬のある日、インターネットのクルマ選びサイトでほぼ条件に見合うクルマを発見した。A to Zという埼玉県のビルダーが制作した「アミティ」というクルマで、ボンゴベースのライトキャブコンである②③④⑤⑥。九州の鳥栖にある大型の専門店にあるらしい。経済性に優れたディーゼル車ではないが、希望通りの４ＷＤ車である。平成18年式、走行5万㎞、車検1年半、リアダブルタイヤ、ＦＦヒーター、シンク、冷蔵庫、マックスファンと呼ばれる換気扇、ツインバッテリー、３５０Ｗインバーター、そして屋根には１００Ｗくらいの太陽光パネルがついていた。これで車両価格は２５９万円（税・諸費用込み２８０万円）だった。３００万円付近に位置する相場よりも確実に安い。これがディーゼル車だったら１００万円は高くなるだろう。ディーゼル車はいくらランニングコストが安く済むといっても、この差額を詰めることは不可能と判断した。すぐに電話して、「明日午後に買うつもりで行くので！」と言って押さえた。

¥259万
②

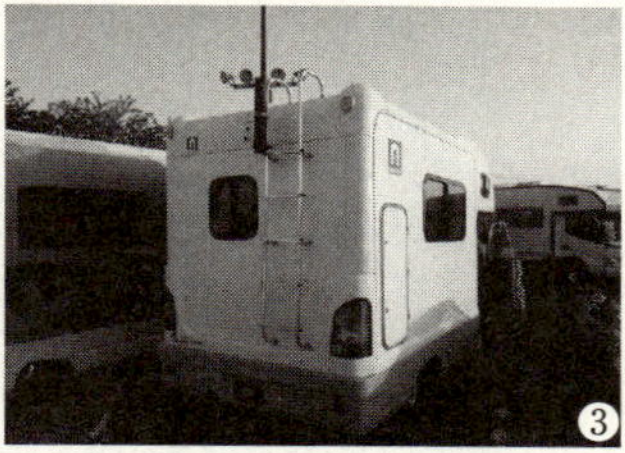
③

④

⑤

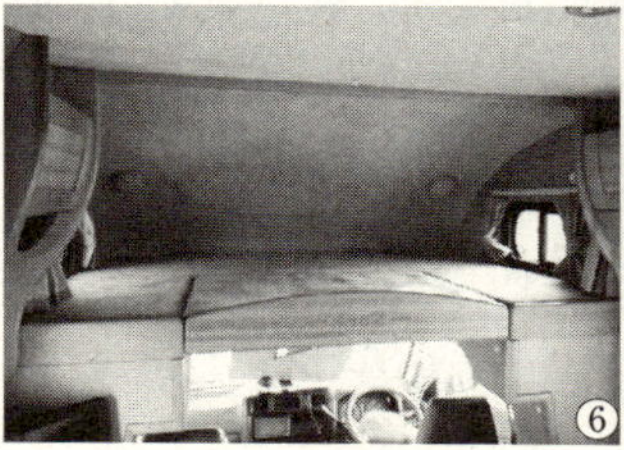
⑥

翌日は土曜日で、かねてから家族とクルマ（車中泊）で長崎県の雲仙《うんぜん》温泉へ行こうと誘っていたことも契機になった。車中でキャンピングカーの話をしながら、半ば女房と子供を騙す格好で連れ出すことに成功！　狙っているクルマを見ようと九州入りして早速キャンピングカー専門店へと入った。元自動車教習所という広い敷地に、おびただしい数のキャンピングカーが駐まっている。店員に昨日電話した旨を伝えて、クルマを見せてもらう。経年のヤレこそあるが、一通り問題なさそうだ。他に何件も問い合わせが来ているという。なぜ相場よりも安いのかを聞いたら、売主が急な海外転勤になってしまい、すぐに売却して現金化したいという事情があったそうだ。結果的に安く仕入れることができたというので、非常にラッキーなタイミングだといわれた。

呆れ顔の女房をよそに、車内に入った子供は大喜びの爆発状態（笑）。「買おうよ！　買おうよ！」と援護射撃の連射を得て見事に陥落成功。まさに子供をダシに使った計画的犯行……もとい勝利であった。納車は1カ月も先になるというが、こっそり取っておいた印鑑証明とともに売買契約書への捺印式も滞りなく終わった。

――待ち遠しかった納車の日がやってきた！

晴れて納車日になった。女房は自宅で用事があるため、子供と一緒に鳥栖まで引き取りに行くことにした。最寄りの芸備線の甲立《こうたち》から普通列車に乗り、広島から新幹線で博多まで行く。午後の納車だからゆっくりめで、500系こだまの6号車指定席で、元グリーン車の快適シートを満喫しながら惰眠を貪った。子供からは「遅すぎ！」と反発されたが（笑）。博多からは新幹線からの乗り継ぎ割引を使い、オレンジ色の特急「ハウステンボス」に乗った。もっとも鳥栖で降りるので、わずかな距離だ。

鳥栖ではクルマ屋さんに迎えに来ていただき、いよいよ実車とご対面。すっかりきれいになって見違えるばかりになっていて、とても11年前のクルマには見えない眩しさだ。一通り説明を受け、気恥ずかしくも社員一同の見送りのなかを出発した。狭い道の、人家から張り出した垣根の出っ張りを緊張しながら避けて行く。とにかくこんな背の高いクルマは未経験で、ローリングとピッチングの激しさにしばし絶句……。坂道では圧倒的にパワーがなく、後ろに長蛇の渋滞の列が形成された。さらにガソリンを入れてから50㎞あまりで燃料計の目盛りが4分の1も減って愕然とした。買うべきクルマを間違ったかと後悔が襲ってくる（泣）。

ひとまず九州を横断して、その夜は、よく訪れる別府温泉の野湯で停泊することにした。急な砂利道を登って行くが、いつもなら何でもない道が茨の道に変貌した。木の枝が容赦なく側面や屋根を叩いていく。これは新車だったらトンでもないことだなあ、と買えもしないのに妄想を重ねながら、歩くような速度でようやくサイトに到着した。

対面座席にセットしたテーブルは家の食卓さながら。ありきたりの弁当も、周りにスーパーで買った総菜を並べると豪華な食卓に映った。草原の広場に停めた車窓からの景色も抜群だし、気持ちのいい野湯に入ってきた後だったので、冷蔵庫に冷やしていたビールが最高にうまかった。もう子供も大喜びで車内をあちこち探険している。こうして夜になり、慣れない手つきでベッドを展開させ、持ち込んだシュラフにくるまって最初の夜が更けて行った。

サラリーマン的キャンピングカー生活

――野宿ライダーの転勤と、サラリーマン人生の修羅場

孤独な野宿ライダーであった私もまた、サラリーマン人生の修羅場を迎えた。まず2001年の秋、転勤のため生まれ故郷の八王子市を離れ、広島県に越して来た。当初は出向という形態であったが、その後の会社を取り巻く社会情勢の変化により、元の職場は次第に縮小され、ついに元の職場（相模原市）は失われた。会社は世に知られた大企業だったが、入社時から右肩上がりだった景気はすっかり息を潜めた。数年後、私は会社都合による退職とともに、正式に出向先の会社へ移籍した。その会社も過剰な設備投資が裏目に出て、資金繰りに行き詰まり、世間を騒がせながら会社更生法の適用を受けた。だが、巨額な投資によって建て

られた大規模な工場が、むしろ好条件と判断した外資系の会社に買収されて現在に至る。まさに綱渡りのような会社員生活だったが、引き続き同じ仕事を続けられたことは幸運だった。事実、元の職場へ戻った同僚の多くはいきなり職場を奪われ、再び他の関連会社へ出向させられたり、人員削減に伴う希望退職を半ば強引に押しつけられたり、失意のうちに去って行った人も多かった。

――新しい家族の成り立ち

当初は会社近くの東広島市で借り上げ社宅という形のアパートに住んでいたが、その後、こちらで縁あって結婚した。だが、女房の職場が80kmも離れており、始めは県北部の実家から通勤していた女房とは別居という形を取っていた。そして、2003年の4月、お互いに通勤可能（私：片道47km、女房：片道37km）な三次市の片田舎に、現在の新居が完成し、晴れて同居することになった。その時点でお互いに36歳。まだ子供はなかった。身体に大きな負担をかけてまで無理することは望まなかったが、月日は流れるうちに妊娠が判明。43歳の秋、奇跡的な高齢出産による自然分娩で女の子を授かった。こうして今も元気に成長している。

──キャンピングカーによる会社の駐車場生活

周りの人達から変人と言われながら30年あまり。いよいよ筋金入りの変人ぶりを発揮することになった。私にはキャンピングカーという移動式の住居がある。前にも書いたが、「旅は生活の一部」が座右の銘だ。ならば、普段の生活でも実践するまでだ。サラリーマン生活と旅とを融合させることにしたのだ。幸い、職場と駐車場は数百ｍも離れている。しかも、あまりに田舎すぎるため周囲に人家がほとんど存在しない。数百台に及ぶ従業員のクルマを呑みこむ広大な敷地には、トイレも設置されているから停泊するには絶好の環境だ。なぜ、このような生活をするようになったのか、理由は三つある。①片道47㎞の通勤時間は一時間半にも及び、年齢とともに疲弊したこと。②人口が増えていく東広島市は以前にも増して渋滞が酷くなったこと。③早朝の早起きが辛くなったことだ。

会社の駐車場では睡眠を取るのが目的のため、大半の日は帰宅している。とはいえ、夕食とお風呂を済ませてから、すぐに出社することが多い。時折、勤務後にそのまま停泊することもあるが、家ですることもあるので、なるべく帰宅するようにしている。それでも朝の混み合う時間を避けているため、快適な通勤ができるメリットがある。家にいる時間は少なくなるが、その代わり金曜日の帰宅後は、そのまま家族を乗せて旅に出ることが多くなった。

以前は自分一人だけであちこち放浪していたが、キャンピングカーという移動式住居を得てからは、家族と過ごす時間が多くなった。また、毎日家に帰ったとしても、長い通勤時間のため、朝食も夕食もバラバラだった。私も部屋に篭ってパソコンばかりしていた。そのころに比べれば家族との絆は深まったと考えている。もっとも、女房ばかりに家事の負担を強いてしまったことはまことに申し訳ないのだが、「あんたが一番手がかかるから、むしろ楽になった」と言われてしまい、何とも複雑な心境である……。

――羞恥心を超越する！

こうして、平日に会社駐車場での車上生活を始めた。予想していたことだが、瞬く間に周りから好奇な目で見られ、あれこれ噂されている様子だ。たまに興味本位であれこれインタビューされることもある（笑）。そのたびに感心されてい

るのか、はたまた気味悪がられているのか、相手の本心は未だ不可解だ。それでも私は「日本全国鉄道路線の秘境駅訪問家」である。こんなつまらない羞恥心などとっくの昔に捨てている。数百回に及ぶ駅寝やテント泊で鍛えたパーソナリティーは鋼よりも強固なのだ。

――日曜の夜に会社へ向かう！

それでは日々の一例を書いてみよう。まず休みが終わろうとする日曜日の夜、家でお風呂と食事を済ませた後、会社へ出勤することから始まる。自宅でＮＨＫの大河ドラマを見終わったころに出発。空いている夜道をひた走り、数十分ほどで会社の駐車場に到着。高さと幅に制限のあるセキュリティーゲートをギリギリで抜け、トイレが近くにある所に駐車する。ＴＶアンテナを受信感度のいい決まった方向にセットして発電機のエンジンを作動⑦⑧。バッテリーの充電を行いながら、ぼんやりとTVを見ているか、スマホのWi‐Fiテザリングに接続したノートPCでメールやネットをチェックする。やがて睡魔が襲ってくるので、歯磨きと小用などを済ませ、発電機を停止してそのまま就寝……。

――超短距離出勤！

⑨

いつもなら憂鬱な月曜日の早朝。けれども7時30分にのんびりと起床できる。発電機を作動させ、お湯を沸かして香り高いレギュラーコーヒーを淹れる⑨。パンをかじりながら朝食をとるのだ。連続テレビ小説を見終わった8時15分に歩いて出勤するが、わずか10分で職場に到着。恐らく社員のなかで一番短い通勤時間だろう。もっともこの生活を始めるまでは、今も10人ほどしかいない遠距離通勤を16年間も続けてきたので、もっと早くに気がつけばよかったと思うほど快適だ。

──クルマに帰宅して風呂へ行こう！

会社の勤務を定時に終えると、いつもいったん帰宅して夕食とお風呂を終えてから出社しているが、そのまま会社の駐車場で停泊して翌朝出社するパターンを書こうと思う。私のキャンピングカーは小さめのキャブコンなのでシャワー設備がない。仮にシャワーがあっても100Lに迫る大量の水を運ばねばならない。運動性能だけでなく燃費にも多大な影響を及ぼすことは明白だ。さらにボイラーに電気や燃料を使うのでランニングコストもかかるし、髪の毛や石鹸カスの散ったシャワー室の掃除もしなくてはならない。金をかけてまで苦行を増やしても意味がないので、公共施設のシャワーかお風呂に向かうのが一番だ。

選択肢は次の三つ。①4㎞ほど先の運動公園でシャワーを浴びる。無料で嬉しいが、温水こそ出るけれど冬場は寒い。②7㎞ほど先のホテル兼サウナ施設で500円で風呂に入る。一番快適だが混んでいることが多い。③15㎞先のスーパー銭湯で450円で風呂に入る。空いているが遠いためガソリン代を考えるとかえって高くつく。という訳で、どれも一長一短なので決定打はない。その日の気分で決めている。

——スーパーでの経済戦争

シャワーか風呂を終えるとスーパーに行って食材の調達だ。栄養のバランスを考えているため、外食は極力しないし、脂っぽい惣菜も避けている。当初は面倒だと思っていたが、経済的にも栄養的にも自炊が一番いいという結論に達した。時間も18時を過ぎて、そろそろ値引きシールが貼られる時間だ。シールを持った店員をストーキングしながら、お目当てのモノを素早くゲットして行く。時折、恰幅のいい強力な主婦にブロックされたり、トンビのように脇からかっさらわれたりするが、負けてはいられない。ここは経済戦争の真っただ中なのだ！

——再び会社駐車場へ

会社の駐車場も19時30分頃になると夜勤（私も数年前までシフト勤務だった）の人たちで混み合ってくるため、早めに駐車場へと戻る。以前は駐車場所が指定されていたが、外資になってフリーになったことは幸いである。いつもの停泊場所でないと狭いうえ、トイレから遠くなるなど色々と支障が出るからだ。いつもの停泊場所に来ると決まった方向へTVアンテナを向けて発電機を作動。カーテンを閉じてプライベート空間を作るのだ。

――腹が減ったので調理開始

キャンピングカーになってから料理をする機会が増えた。家のキッチンに比べれば狭く窮屈だが、それでも工夫しながら料理をすることは楽しいものだ。発電機の能力上1600Wの制限を受けるので、同時に並行して使える家電にも制限がかかる。最初に使う炊飯器はIHタイプだと1000W近く食うので、むしろ安価なマイコンタイプの500Wクラスを選んでいる（いずれも3合炊き）。炊き上げ時間こそ余計にかかるが、同時に1000WクラスのIHクッキングヒーターを使うためには致し方ない。カセットガスのコンロだと電気こそ消費しないが、狭い車内で火傷をするのも嫌だし、おまけに面倒なゴミも出る。あとは思いのままに料理し、のんびりと食事を楽しんでいる。

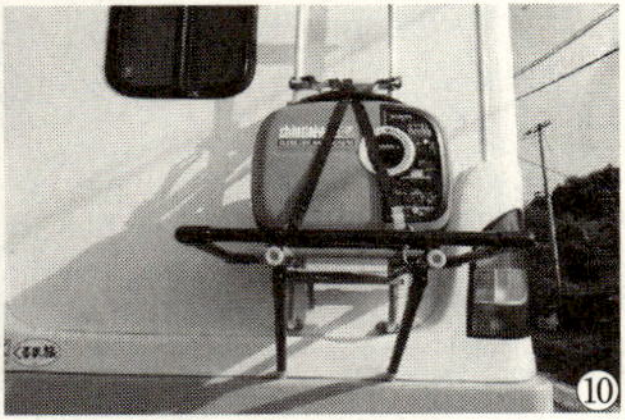
⑩

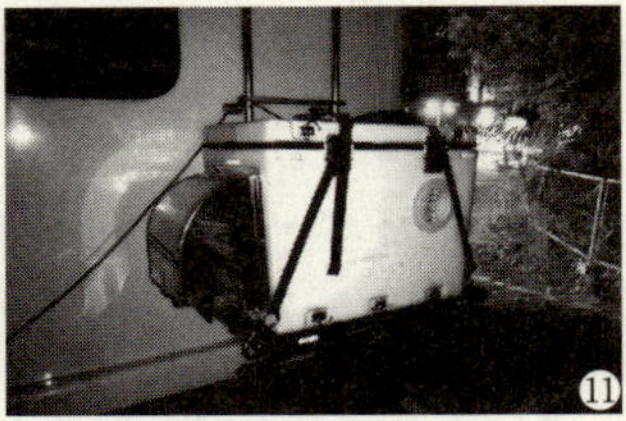
⑪

——しっかりと片づけて就寝準備

食後は洗い物などの片づけを済ませて発電機を停止。特に冬場のFFヒーター作動時はサブバッテリーの充電状態がモノを言うので発電機は長めに使う⑩⑪。もっとも熱帯夜の夏場はウインドウエアコンを作動させるために一晩中発電機を作動させるしかない。ガソリンを4L以上使うので経済的には痛いが、寝不足になるよりはマシだろう。外部に100Vのコンセントがあれば最高なのだが、そんな設備など自分の家か、高額なオートキャンプサイトでしか望めないのだから諦めるしかない。就寝は23時頃にしている。上部のバンクベッドで寝るか、座席を展開させて寝るかの2通りから選ぶ⑫⑬。家族で出かける時には一人で狭いバンクベッドに押し込まれるので、会社駐車場ではなるべく下の広いベッドで寝ていることが多い。歯磨きや小用

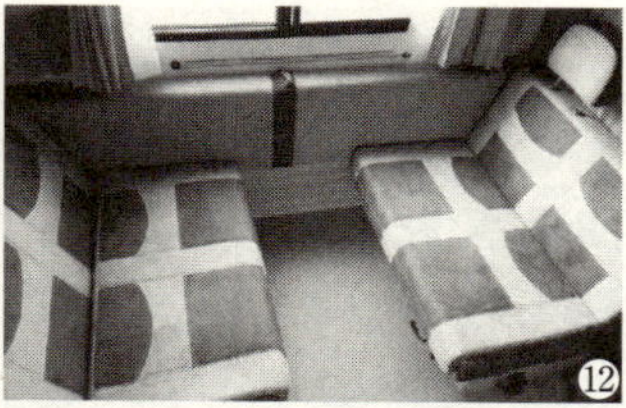

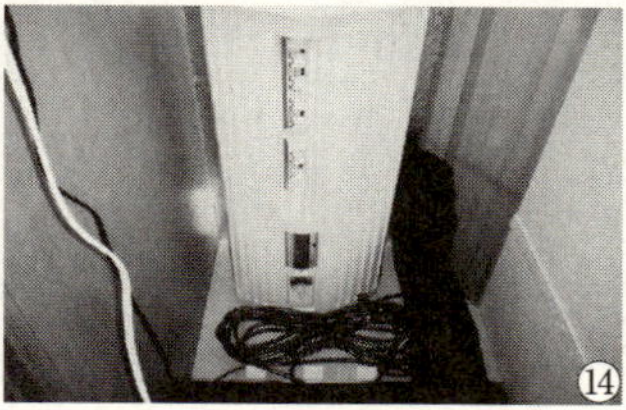

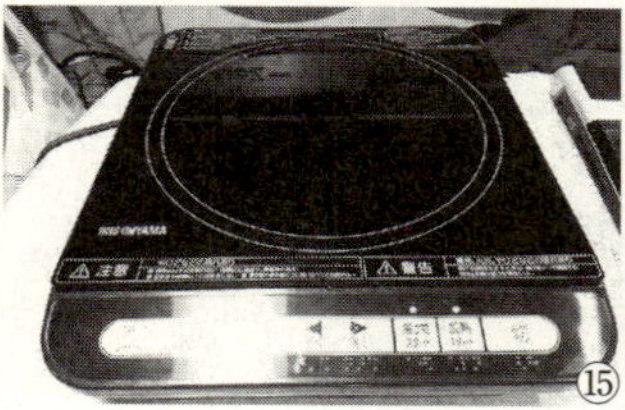

を済ませ、あとは夢の中だ……。

――サラリーマン的キャンピングカー生活のまとめ

こうして会社生活の1日が過ぎていく。世の大半の人達は、車中泊といえば狭い車内で暑さ寒さに耐えながら無理をして、ともすればエコノミークラス症候群に怯えながら夜を明かしているイメージだろう。だが、キャブコンタイプのキャンピングカーは、ＦＲＰシェルの内部が断熱材で覆われており、二重ガラスの窓と相まって静粛性にも優れている。近くをクルマが通ってもほとんど気にならない。

さらに3個のサブバッテリーと発電機を組み合わせれば、夏はウインドウエアコ

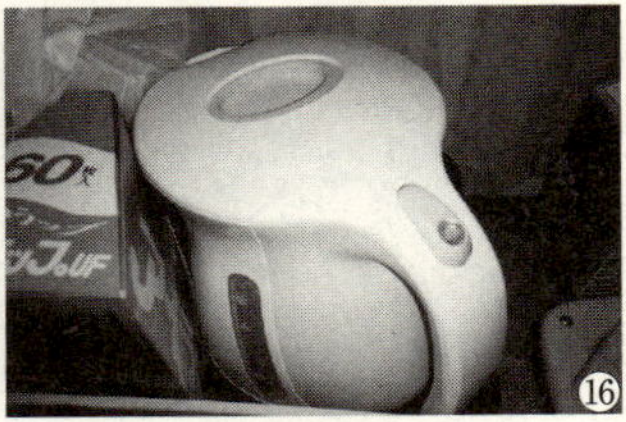
⑯

⑰

ン⑭、冬はＦＦヒーターで快適な空調が保証される。さらにシンク、冷蔵庫、炊飯器、テレビ、ＩＨコンロ⑮、電子レンジ、湯沸かしポット⑯、ポータブル掃除機、除湿機⑰、ふとん乾燥機、そしてノートＰＣと、およそ家で使っている家電は全て揃っている。

これほど軟派なアウトドアを一度経験してしまうと、もはやテントを張る行為自体が億劫になってしまうほど自身を軟弱化させてしまった。けれども放浪旅ばかりしている私にとって、好きでもないサラリーマン生活を送るには様々な面白いアイデアを繰り出すしかない。こんなイレギュラーな手段を使えば、逆に楽しめてしまうことがわかったのである。

――こんな変人は他にいるのか？

このように会社の駐車場でキャンピングカー生活を送っ

ている人をネットで調べたが、日本人では見つからなかった。いや、実際にはいるかもしれないが、内緒にしなくてはならない理由も、このとかく閉鎖的な国民性を鑑みるとわかる気もする。しかし、アメリカのカリフォルニア州シリコンバレーにある、あの有名なグーグル社の駐車場で2年間に渡ってキャンピングカーで暮らしたカップルがいたという。彼らは元々シカゴに住んでいたそうだが、仕事を探しにキャンピングカーでテキサス州へ行った。そこで偶然にグーグル社での仕事を得て、当初はリモートで行っていたらしい。その後、社内のセルフドライビングチームから仕事の誘いを受け、カリフォルニアへの移住を決意した。しかし、グーグル社のあるシリコンバレーはＩＴ企業の雇用拡大によって家賃が高騰しており、お金のなかった彼らは会社の駐車場でキャンピングカー生活をするしか手段がなかったという。その奇想天外な行動が功を奏し、高額な家賃を払うことを逃れ、なんと収入の80％を貯金できたという。その後、効率的な貯金の甲斐あって家を購入できたが、通勤時間が1時間ほどかかってしまうそうだ。こうしてキャンピングカー生活に終止符を打ったが、今では住宅ローンを払うほうが、小さなキャンピングカーで生活するよりもストレスがあると話しているそうだ。

もっとも、私の場合は好きでやっている側面があるので、彼らのように必要に迫られて仕方なく車上生活をしている訳ではない。そう見ると、何だか私のほうが変人ぶりの度合いが高いかもしれない。逃げ道がなかった彼らこそが勇者であろう。

世の中には様々な会社がある。地域的にも郊外に位置していなければ難しいかもしれない。時には会社の規則で禁止されるところもあろう。仮に私もその立場になれば、恐らく別の手段を模索するだろう。こうして自らの生活を前向きに考えてデザインすることは新たな道を拓く礎になるものと考えている。たとえ小さな可能性であっても自分から閉ざしては何も始まらないのだから。

09 キャンピングカーで秘境駅跡を巡る

——進化し続けるキャンピングカー

２０１７年11月、キャンピングカーに乗り始めてから数カ月経った。それまで普通車や軽トラくらいしか運転したことはなく、不安な気持ちもあったが、ようやく高さ３ｍ、幅２ｍという大きさに慣れてきた。カーブを曲がるときのローリングやギャップで跳ねまくるピッチングにも冷静に対処でき、車両限界スレスレの狭い道でも通行できる自信がついた。こんな巨体でも、いつしか旅の相棒として、さらに実生活のねぐらとして欠かせない存在になっている。

それでも軽快な乗用車に比べると不満な点は数多い。まず、大きさと重さによる燃費の悪さ（6㎞／L）を改善するため、プラグやコードなどの点火系のファインチューニングをしたのち、点火時期を変更し、ハイオクガソリンで運用させることで燃費を8㎞／L弱まで向上。ふらつく足回りには、耐荷重性能を上げたタイヤとともに社外ダンパーへの交換やサスペンションの強化（ヘルパーリーフ）などを行った。

次に「家」としての居住性の改善。電子レンジやIHクッキングヒーター、ティファールの湯沸かしポットなどを購入してオール電化とした。快適装備として小型液晶テレビを設置。これをきれいに映すため、受信ブースターに加えて360度回転させるマストを製作し、平板型の地デジアンテナを取りつけた。空調設備として、リアハッチにウインドウエアコンを導入。電源は大型サブバッテリーを3基積み、1500Wの強力インバーターを装備。さらに自作の防音ボックスに入れた1600Wの発電機を後部キャリアへ搭載するなど、完全自立型のキャンピングカーへと成長させた。まったくカネと手間のかかる相棒である。手間ヒマをかける時間はむしろ楽しいが、地上3mの滑りやすい屋根上でヘルメットを被り、ゆらゆらと揺らしながら洗車する姿は、近所の風物詩になっているようだ。

――キャンピングカーでの廃秘境駅巡り、スタート！

前置きがだいぶ長くなってしまったが、この章ではいまや私の休日におけるライフワークになっているキャンピングカーによる秘境駅巡りの一例を紹介しよう。今回は北陸と東海、近畿方面の廃止された秘境駅跡の数々を訪れるというものだ。いつもは一人旅で臨むことが多いが、実業之日本社の磯部さんと、塒《ねぐら》をともにしながら周るというものだ。蛇足だが、同じ布団で寝るというわけではない。私は前席上のバンクベッド、磯部さんはダイネットを展開させたベッドでの就寝であるから余計な心配はなさらぬよう。

まず私は東広島にある会社勤務を終え、山陽道をひたすら東進することから旅は始まった。神戸ＪＣＴから中国道で吉川ＪＣＴを経て舞鶴若狭道に入る。時刻はすでに0時を回り、もはや眠気を抑えられなくなり三方五湖ＳＡで停泊。翌朝、富山駅で、東京から北陸新幹線でやってくる磯部さんと合流する予定だ。アクセスルートは名神高速と北陸道でも行けるが、通行量が多いＰＡ（ＳＡ）は安眠の妨げになりやすいため、高速道路といえどもマイナーな路線を選ぶことが多い。

①

翌朝5時には早くも目覚めた。睡眠不足ぎみではあるが先はまだ遠い。北陸道を延々と走って小杉ICで降り、IC近くのコストコのスタンドで燃料を補給。会員であれば地域一番安の価格で入れることができるので、特に燃費の悪いクルマに乗って、長距離を走る方にはお勧めしたい。その後、一般道で待ち合わせの富山駅に到着。無事に磯部さんと合流できた。

――そこにあるのはわかっているのに…！　富山地鉄の廃秘境駅

最初の目的地である、富山地方鉄道・立山線の上横江駅の跡に行ってみた。県道6号線を横江駅から数百m進むと、奇

②

妙な柱②が並んでいる広場が見えた。ここがまさしく駅跡である。奇妙な柱はコンクリート製で、建物の間口としては大きい。よく見ると互いの向きに数㎝幅の溝が彫られている。そこに板を挟んで塀のようにしていたのだろうか。ホーム上屋の柱だった可能性が高い。一方、線路側には草に埋もれた石積みのホーム跡がある①。さすがに駅舎こそ残っていないが、謎のコンクリート柱群と相まって駅跡の遺跡としては一級品といえよう。

ちなみに開業当初（1921（大正10）年10月）は横江駅と称した。立山駅へ向けて延伸開業していくなかで、一時は終着駅の役割を果たしたという。広く平坦な敷地にも合点がいく。その後、1965（昭和40）年4月に集落寄りへ新しい横江駅が開業すると、ここは上横江駅と改称された。しかし、集落から離れているため乗降客数0人という不名誉な記録を重ね、やがて駅としての存在意義を失い、1997（平成9）年4月に廃止された。そこには、かつての終着駅が途中駅としても成り立たず、廃止への道をたどる没落の歴史があった。

③

④

2駅目は同じく富山地方鉄道・立山線にあった芦峅寺《あしくらじ》という廃駅だ。本宮《ほんぐう》駅と終点立山駅のほぼ中間にあるここは、1937（昭和12）年に隣の粟巣野《あわすの》駅（廃駅）まで路線が開業した際に造られた。近くに立山炭鉱があり、石炭を索道でここまで運び、列車で積み出していたという。人家ゼロの鬱蒼とした山林の中で、利用者は炭鉱の関係者しかいなかった。良質の無煙炭ならぬ「モエン炭」と揶揄されるほど低質な石炭しか産出されず、1950（昭和25）年には早々と閉山となり、駅も廃止されたという。

そんな不遇な駅へのアクセスは極めて困難だ。表側は常願寺川に遮られ、背後は急峻な崖になっている。川の対岸にはコンクリート工場があり、その先に小さな橋が見えるが、「場内立ち入り禁止」の看板に諦めざるを得ない。

対岸へ渡れるルートは巨大な立山大橋ただ一つ③④。あまりにも大き過ぎて、現地との高低差も数十mはありそうだ。まことに迷惑な高さである。立山国際ホテルの脇から

⑤

⑥

⑦

⑧

林道が延びていたので入ってみたら１００ｍほどで行き止まり。そこにクルマを停めて徒歩でアプローチすることにした。うっそうとした林の中をかき分けていく。磯部さん秘蔵の、等高線が表示され、詳細な地形を確認できるハンディＧＰＳ受信機に助けられながら進んだものの、あっけなく県道脇にそびえたつ擁壁のてっぺんに行く手を阻まれた。かといって急峻な崖を降りる訳にもいかない。仕方なくクルマに戻ってもう一度検討する。

　そのうちに、県道の反対側から河原に降りていく砂利道を発見。意気揚々と進んで行ったが、ちょうど立山大橋の真下あたりで支流を渡る橋が崩落していた！

⑤　仕方がないので、歩きで支流を遡っ

⑨

て渡渉し、駅跡側の対岸へ出た。しかし、橋が崩落してから長年放置されたせいか、深い茅の藪に行く手を阻まれた⑥。このまま無理をしてもマムシに噛まれる危険性も懸念されるため、残念ながら徒歩での到達は諦めた。

それでも悔しいので、本宮駅から終点の立山駅までのひと駅間を電車で往復した⑦⑧。車窓から、薄暗い山林の中に小さなホームと保線小屋と思わしき廃墟が見えた⑨。車内から二人のおじさんが血眼になりながら、得体の知れない物体を撮影している姿は、決して人様に見せられるような代物ではない。これぞ羞恥心を超越した秘境駅マニアのなせる業である。

──駅に到達できないならば…

さらにこの区間には3駅目の目標がある。芦峅寺駅の冒頭で紹介した粟巣野駅だ。終点となる立山駅の1・3㎞手前にあり、かつて粟巣野スキー場へのアクセス駅として賑わった。始まりは1937（昭和12）年10月、当時は終着駅として立山開発の貨客集散の拠点として栄えた。その後、1955（昭和30）年10月に千寿ヶ原駅（現時立山駅）が開業し、ターミナルの役目を同駅に譲ると利用者が激減。追い討ちをかけるように立山駅から粟巣野スキー場までの道路が整備されると、スキー場への乗り換え駅としての役目も奪われ、ついに1981（昭和56）年5月22日に廃止されてしまった。ちなみに駅からスキー場までのアクセスは一人乗りのチェアリフト（高架索道）に委ねられていたという。輸送力不足が深刻であったことは想像に難くない。

かような立地ゆえに、当然ながらアクセスルートは狭く、キャンピングカーでの進入は絶望的だ。徒歩での到達も考えたが、すでに日が暮れかけているため諦めざるを得ない。また次回ゆっくり来ればいいと自分に言い聞かせて、今回は電

車からの観察に留めた。あたりは芦峅寺ほど薄暗くはなく、小さな広場に石積みのホーム跡が見えた⑩。もちろん人家などは一切ない。わずかなチャンスに夢中でシャッターを切るが、窓越しの撮影というものは改めて画像を見ると切ないものがある。

予定よりも時間が押した。次の目的地に向かうため、東海北陸道に入り一路南下する。合掌造りの里として名高い白川郷ＩＣで降りてようやくまともな食事にありつけた。その後、ゆっくりと温泉に入ってくつろぐ。だが、このまま就寝という訳にはいかず、再び東海北陸道で南下。美濃関ＪＣＴから東海環状道に入り、美濃加茂ＳＡにあるハイウェイオアシスで停泊することにした。ここは「ぎふ清流里山公園（旧日本昭和村）」に隣接しており、高速道路上における快適な停泊場所として愛用している。その理由は以下の通り。

①幹線道ではないため交通量が少なく、ゆえに停まっているクルマも少ない。
②本線から離れるためクルマの騒音が少ない。
③SAのように売店（含む出店）やレストランがなく、喧噪がない。
④広いスペースのため、防音ボックスに入れた発電機を動かすことにためらいが少ない。
⑤「里山の湯」という温泉施設がある（長らく改装中だったが2018年4月に再開）。

こうした数々のメリットがあるため、ここで停泊することが多い。クルマを定位置に停車させ、きょう一日の疲れをビールで乾杯しながら癒した。期せずして富山県で2駅（芦峅寺と粟巣野）も課題を残してしまったが、次回は必ずや到達したいと誓いながら就寝するのであった。

――もし現存していれば、TOP10入り確実の廃秘境駅

翌朝は7時頃に起床。いつもの通り、ティファールのポットでお湯を沸かし、豆を電動ミルで挽き、ドリッパーでコーヒーを淹れる。以前から鉄道旅や登山でもハンドドミルやシングルバーナーを持参するこだわり派を自負している。キャンピングカーのテーブルでいただくこだわりのコーヒーとパン、そして大量野菜という朝食が習慣になっている。

私は旅で様々な地方へ移動するため、得体の知れない菌に侵される可能性が高い。なので強い抵抗力をつける必要がある。そのため賞味期限ギリギリの半額シール品を摂取することで体の内側から鍛え（半分冗談ですのでマネしないでください）、さらに節約することで旅の資金を捻出する。長期に渡って健康的に旅をするには、先に書いた通りに快適な環境による睡眠とともに、規則的な排便、栄養の摂取、菌に対する耐性、そしてアイデアを駆使した節約といった要素が重要なのだ。

話が逸れた。今日の目的地は愛知県にある。秘境駅として魅力的な駅はないが、

その駅跡ともなれば話は異なってくる。まず、東海環状道から中央道と接する土岐ＪＣＴを突っ切り、豊田東ＪＣＴから新東名高速へと入った。新規格の高速道路なので周りのクルマはみな１００km／hを超えるスピードでビュンビュンと私を抜いていく。あいにく私のキャンピングカーは２５００kg以上の重量に、空気抵抗が大きな前面投影面積を持ち、さらに１８００ccで旧式ＳＯＨＣのＮＡガソリンエンジンは90馬力程度しか発揮しない。そのため平地では何とか１００km／hを出せるが、登坂になるといかんともし難い。登坂車線に至っては60km／hを下回ることもあり、周りに情けない醜態を晒す。当初は非常にストレスだったが、次第に力任せにアクセルを踏んでも無駄な抵抗だと悟った。マイペースで乗っていれば警察のご厄介にならないことは最大のメリットかも知れない。後日、指定のレギュラーガソリンから点火時期を早めたうえでハイオクガソリンを使い始めたのは前述のとおり。体感的に少々のパワーアップと、２km／L程度の燃費向上でレギュラーガソリンとの差額を相殺させたが、まあ気休め程度のことである。

新城ＩＣで降りて飯田線の本長篠駅へ向かった。ここは１９６８（昭和43）年9月に廃線になった豊橋鉄道田口線が接続していた所である。今回の目的地は三河大草という本長篠からわずか２・６kmの地点にある駅跡だ。街並みを見る限り、

⑫

⑪

秘境感には乏しいだろうとタカを括っていたが、線路跡はいきなり山林へ吸い込まれるように敷かれていた⑪。この駅は県道32号沿いどころか枝道のような車道さえも通じておらず、ありえないほどの深い山中にあった。あたりは暗く鬱蒼とした森林で、ただ一軒の人家もない。最寄りの集落は鉄道のトンネル⑫を潜った先にあり、線路こそ剥がされてはいるが、石積みのホーム跡がひっそりと残っていた⑬。

もう完全に自然の一部となったその姿に思わず息を呑む。同行の磯部さんも興奮を隠しきれずにシャッターを切っている。とにかく駅までの車道は皆無で、細々とした山道をたどるしかアクセスできない。全国的に見ても非常にレアな物件だ。仮にこの駅が現在まで生き長らえたならば、秘境駅ランキングのTOP10へ悠々とランクインしてしまうほどの条件が揃っている。記録によると1956（昭和31）年の利用者は1日あたり29名で、田口線の全11駅のな

⑬

かで最少だったとのこと。山林伐採の積み出しといった貨物取り扱いの記録もなく、いったい何の目的でこのような場所に駅を造ったのか、いまも謎に包まれながら林に眠っている。

三河大草の駅跡を出て、新城ＩＣから再び新東名高速に入った。今度は三重県へと向かう。伊勢湾岸道はすさまじい強風でハンドル修正を強いられながらフラフラと走る。東名阪道を経て伊勢道の久居ＩＣで降りた。向かうのは近鉄大阪線の東青山駅だ。ここはふだん特急の待避などで使われる信号場のような駅で、「東青山四季の里」という近鉄が整備した公園があるのみだ。だが、目的はここではない。同名の旧駅が人知れずひっそ

⑭

りと山の中に眠っているのだ。

当然ながらカーナビの地図には載っていない。駅跡の方角はだいたいわかってはいたが、目的地への道がどうにも見つからない。もどかしい思いであたりをさまよっていたが、ここでも廃道探索に長けている磯部さんの予想がピタリと的中した。一度国道165号に出て、白山町垣内の信号から右折して入った先に狭い車道が続き、ついにキャンピングカーが入れない状態になった。軽トラがやっとというような山道を徒歩でグングンと上っていくと、いきなり旧東青山駅が現れた。

これは……。まさに絶句という言葉しかない衝撃的な光景が広がっていた⑭。

対向式と島式を組み合わせた2面3線のホームと、そこかしこに残る幾多の残骸⑮〜㉒。その規模もさることながら、なぜこのようなアクセス困難な深い山中に、これだけの物体が存在していたのか……。私も磯部さんも無言になり、シャッターを切りまくった。疲れを忘れた身体は無意識かつ能動的に反応していく。自分が理解し納得するまでの時間が途轍もないスピードで過ぎ去っていく。夢中という一言ではとても片づけられない光景だった。

　線路跡を歩いて行くに従い、あたりにせせらぎが響き渡る。山々から集められたおびただしい水が、勢いよく水路トンネルへと吸い込まれていく。この水路が

⑲

⑳

㉑

㉒

なければ一帯が水浸しになることは想像に難くない。その行き先は、歩いてきた山道で見た豪快な滝であり、ここに駅を開設するための苦労が偲ばれる。

――山奥の秘境駅が廃止された理由とは

この駅が廃止（現東青山駅への移転）されたことについては理由がある。１９７１（昭和46）年10月25日、駅の大阪側にある青山トンネル内でＡＴＳ（自動列車停止装置）の誤作動により列車が緊急停止。折しも当日は他の列車にも同様な症状が多発していた。そのため車両側に原因がないと判断してＡＴＳを解除しようとしたが、できなかった。運転士は

33・3‰の急勾配のため転動防止の車止め措置を行い、ブレーキを作動させるためのエアーを供給するコックをカットする。ここまでは基本動作で問題はない。ここからが問題だ。

緊急停止を知って東青山駅から助役が駆けつけ、運転士に十分な連絡をしないまま車止めを外したのだ。さらに運転士もまたエアーの供給コックを戻さずに運転席のブレーキを緩めてしまった。これはブレーキにエアーが供給されない状態である。ブレーキが緩んだ途端に列車が動き出した。もはやブレーキを操作してもエアーは供給されず、ノーブレーキ状態で東青山駅を通過。下り勾配によって速度は上がり続け、時速120㎞以上で垣内《かいと》東信号場の安全側線を突破、総谷トンネルの西口に突っ込んで停止した。だが、これは悲劇の序章に過ぎなかった。なんと、対向の特急列車が同トンネルに入って来たのだ。異変に気づいた運転士は非常ブレーキをかけたものの、時速数十㎞で正面衝突してしまった。結果、死者25名（乗務員・駅助役5名を含む）、重軽傷者227名の大惨事となった。この事故が起きる前から複線化の工事が進められていた最中であった。この重大な犠牲を出した事故を踏まえて複線化工事は前倒しされ、1975（昭和50）年11月に現路線の新青山トンネルが開通し、単線だった旧線は廃止された。衝突事故の現場は、先に述べた現東青山駅の表にある四季の里公園である。

――キャンピングカーにトラブル発生。対処も旅のうち

夕闇迫るなか、次の目的地である岐阜県へ向かうことにした。再び久居ＩＣから伊勢道に入り、東名阪道の四日市ＩＣで降りた。日も暮れてお腹も空いたし、何よりも風呂にも入りたい。四日市というと工業地帯を連想される方も多いと思うが、意外に近い所に自然豊かな湯の山温泉がある。近鉄湯の山線の終点である湯の山温泉駅の近くにある片岡温泉という新しく規模の大きい温泉施設を発見してさっそく入湯。大きな露天風呂にゆっくりと浸かって疲れを癒した。こうして山々をあちこち彷徨よい、ようやく到達した秘境駅跡に興奮しつつ写真を撮りまくり、また延々と走るという単純明快なルーチン作業だが、一向に飽きることがない。しかし、四十代中盤と五十代に突入したばかりのおじさんコンビはそこまで若くはなく、頑張りすぎると明日以降への影響が出かねない。悪くすれば医者通いのリスクもあるため、やはり無理は禁物なのだ。

ゆっくり安らいだ湯の山温泉の駐車場から出ようとしたら、突然キャンピング

カーのエンジンがかからない。バッテリー上がりか？ と思ったが、原因になる行為は犯していない。しばらく考えても原因はわからない。幸い走行用のメインバッテリーの隣にキャンパー電装用のサブバッテリーが鎮座しているため、これにブースターケーブルを繋いで無事にエンジンを始動することができた。以後、エンジンを切るたびに同じ症状に悩まされながら旅を続けることに……。

ひとまず風呂も入ったし食事もしたので、停泊場所を探しながら岐阜県側へと続く国道306号と365号をひた走った。しかし、適当な道の駅がなく、勢いのまま次の目的地である東海道本線の新垂井《しんたるい》駅跡へ着いてしまった。もうここで寝るしか手段はなく、あたりを探すと野球グランドの駐車場が目に入った。トイレも水道もあるし好都合と判断していざ就寝。

ところが、翌朝になると外が騒がしい。まさか！　と思い、うっすらカーテンをめくって唖然。ユニフォーム姿の子供たちが野球の試合をする準備を始めていた。親たちも観戦に訪れていて、気がつけば駐車場も満車になっている。そんな場所に得体の知れない他県ナンバーのキャンピングカーが駐まっているのはさすがにバツが悪い。すぐに移動したいが、あいにくバッテリーの調子が悪く、サブバッテリーからブースターケーブルを繋いでエンジン始動してから逃げるようにこの場を去った。十数年前、五能線の驫木《とどろき》駅で寝袋にくるまって駅寝した朝に寝坊して、待合室にぞろぞろ入って来た高校生と鉢合わせた以来の羞恥的な修羅場であった。

――住宅地にあるのに秘境駅だった新垂井

㉓

目的の新垂井駅跡は目と鼻の先だ。１００ｍほど離れた道端の広がった所に停めて探索を開始。だが、残っているのはコンクリートのホーム跡とかつての着発線を利用した引き込み線だけだ㉓㉔。かつて、この駅はミステリーに溢れており、一言でいえば下り列車しか停車しない非常に珍しい駅だった。元の本線は垂井駅を通るが、その先に25‰の上り急勾配がある関ヶ原を控えており、手前の大垣駅で補機を連結して越えていた。しかし、それが高速化への障害となり、１９４４（昭和19）年10月に、遠回りになるものの勾配を10‰に抑えた別線が開通した。この別線は下り線専用で、それが同時に

設けられた新垂井駅が下り列車しか停車しなかった理由である。
　当初、上り線は垂井駅、下り線は新垂井駅への停車という住み分けであった。だが、あまりにも不便で、救済策として互いの駅間に国鉄バスを走らせたという逸話が残る。これでも不便さは解消されず、上り専用となっていた垂井経由の本線に、別線の開業後に剥がされてしまった下り線を再び復活。下り列車のみ2種類のルートを通る運行を始めた。しかし、新垂井駅の周囲は人家が少ないうえ、ここから県境を越える下り列車に乗る人はほとんどいなかった。列車も電車化され急勾配の運行にも障害がなくなったことで、次第に停車本数が削減されながら、

1986（昭和61）年11月1日に廃止された。

この別線は勾配が緩く高速走行に向いているため、下り貨物列車のほか特急列車も通過している。周囲の状況も垂井の市街地と比べれば人家が少ないといえるが、普通の田園風景が広がっているだけで、秘境というときめき感はない。さらに駅の全景を撮るにも、円柱型のデザインの病院がバックに入ってしまい、画にならない。それでも、かつてのミステリー駅を間近に感じられたことは感慨深いものがあった。

こうして、キャンピングカーでの秘境駅跡訪問旅を終えることになった。東京へ帰る磯部さんを大垣駅まで送って別れを告げた。新幹線でそのまま帰るのではなく、養老鉄道に乗ってみるというから、未乗車の私は少々羨ましく思うのであった。

ここでクルマのバッテリーを交換するべく、近くのホームセンターに寄った。旅先で一万数千円の出費は痛かったが、致し方ない。駐車場で古いバッテリーを外して唖然。何とプラスの端子根元から液漏れしていた！　外すときに白く粉を吹いているのが見えたので、手袋を着用していた。おかげで希硫酸による火傷は免れたが、某外国製バッテリーの品質はまことに残念だった。新たに交換したものは国産有名メーカーだが、接続してもなぜかエンジンが始動できない。一瞬焦ったが、バッテリーの端子を見ると液漏れの影響で腐食していた。これが絶縁被膜と化し、導通を阻害しているものと判断。プラグのメンテ用に持参していたワイヤーブラシで磨いて再び接続したところ一発で始動！　後日、端子を新品に交換したことは言うまでもない。その後、岐阜羽島のコストコGSで給油。ここから名神高速と山陽道を使い、無事に帰途に就いたのであった。

おわりに

このたびの私の冒険記に貴重なお時間を割いてまでおつきあいいただき、まことにありがとうございました。読者の皆様へお伝えしたいことは冒頭で記しましたが、今回のテーマは冒険であり、旅の目的だけではなく手段としても充実した内容となりました。秘境駅訪問も国内に留まらず海外へ、山奥の秘湯（野湯）への登山、キャンピングカーでの旅模様と普段の生活に至るまで多岐に渡りました。いささか支離滅裂なところもあったかと思いますが、皆様にご笑覧いただけたのであれば、とても幸甚です。

それでも文中にも記しましたが、到達できなかった「旧天北線・天北栄仮乗降場」や「富山地方鉄道・芦峅寺駅と粟巣野駅」などが、正直なところ、心残りです。しかし、未到達地があるからこそ次の目標が明確になる訳で、漠然とただフラフラと放浪するよりも、より充実した時間が約束されるのです。そう思えば、無理に到達しようとして取り返しのつかない失敗をするよりも、余裕を持って次に残そうと意識すれば、より安全に長く旅人生を送ることができると信じています。

　もちろん年月が過ぎた結果、目的地も一切の痕跡がなくなることもあれば、自身の体力ならびに健康状態、周辺環境など様々な変化で叶わないこともあります。それでも無理なく実現可能な目標（スマートゴール）と情熱（パッション）さえあれば、人生をより豊かなものにできると思います。

　私は普段どちらかいうと仕事にも消極的で怠惰な人間ですが、こと好きなこと（旅）になると本領を発揮すると自負しています。まったく不誠実で申し訳ありませんが、人間それぞれ多様性があるように、読者の皆さんも何か好きなことを見つけて挑んでみてください。決して危険な冒険をしろとは申しませんので、くれぐれも無理なさらぬように。たとえ小さな目標であっても幸せはすぐにやってくると思います。

　最後にこのような自己満足の冒険記にも関わらず執筆をご依頼いただ

き、そしてキャンピングカーでの秘境駅訪問にも同行された編集者の磯部祥行さん、そして制作・出版・物流・販売に携わった多くの皆さん、そしてこの本をご購読された方々へ感謝の念をお送りします。

2018年12月16日

秘境駅訪問家　牛山隆信

実業之日本社文庫　最新刊

井川香四郎
桃太郎姫恋泥棒　もんなか紋三捕物帳
綾歌藩の跡取りの若君・桃太郎は、実は女。十手持ち紋三親分のもとで、おんな岡っ引きとして江戸の悪に立ち向かう！　人気捕物帳シリーズ最新作。
い10 5

牛山隆信
秘湯めぐりと秘境駅　旅は秘境駅「跡」から台湾・韓国へ
秘境駅の名づけ親は野湯巡りの達人だった！　野に還った秘境駅「跡」をキャンピングカーで探訪しつつ「日本一」の野湯も楽しむ著者一流の「冒険」旅。
う4 1

浦賀和宏
カインの子どもたち
「死刑囚の孫」という共通点を持つ立石アキとジャーナリストの泉堂莉菜は、祖父らの真実を追うためにある調査に乗り出した――。書き下ろしミステリー。
う5 1

おかざき登
占い居酒屋べんてん　看板娘の開運調査
父親がスリの女子高生・菜乃、カクテル占いが得意なあやか、探偵の千種、ゲーマーのやよいなど、居酒屋の女神が謎を探る。居酒屋ミステリーの決定版！
お5 1

沖田正午
お家あげます
一度会っただけの女性から、富士山麓の一軒家を無料でもらってほしいと頼まれた夫婦。おいしい話のはずが、トラブル続出で…笑いと涙の〈人生の備え〉小説。
お6 1

小野寺史宜
人生は並盛で
従業員間のトラブル、客との交流、店長の恋の行方……牛丼屋をめぐる悲喜交々は24時間・年中無休。要注目作家が贈る異色の連作群像劇！（解説・藤田香織）
お7 1

実業之日本社文庫　最新刊

近藤史恵
モップの精は深夜に現れる
おしゃれでキュートな清掃人探偵・キリコが、日常の謎をクリーンに解決する人気シリーズ第2弾！　オフィスのゴミの量に謎解きの鍵が!?（解説／大矢博子）
こ35

沢里裕二
処女刑事　東京大開脚
新宿歌舞伎町でふたりの刑事が殉職した。その裏には、東京オリンピック目前の女子体操界を巻き込むスキャンダルが渦巻いていた。性安課総動員で事件を追う！

さ38

真梨幸子
6月31日の同窓会
同窓会の案内状が届くと死ぬ!?　伝統ある女子校・聖蘭学園のOG連続死を調べる弁護士の凜子だが……先読み不能、一気読み必至の長編ミステリー！

ま21

南　英男
捜査魂
誤認逮捕によって警視庁のエリート刑事から新宿署生活安全課に飛ばされた生方猛が、さらに殺人の嫌疑をかけられ……刑事の誇りを賭けて、男は真相を追う！

み710

谷津矢車
曽呂利　秀吉を手玉に取った男
堺の町に放たれた狂歌をきっかけに、秀吉に取り入った鞘師の曽呂利。天才的な頓智と人心掌握術で大坂城を混乱に陥れていくが……!?（解説・末國善己）
や81

実業之日本社文庫　好評既刊

赤川次郎
明日に手紙を
欠陥のある洗濯機で、女性が感電死。製造元のK電機工業は世間から非難を浴びる。そんな悪い状況から抜け出すため、捏造した手紙を出す計画を提案する…。
あ116

紙吹みつ葉
柴公園
富士見西口公園に散歩にやってくる、三人の中年のおっさんと三匹の柴犬が繰り広げる、笑いと哀愁の壮大なる無駄話エンターテインメント小説。
か91

草凪優
地獄のセックスギャング
悪党どもは地獄へ堕とす！　金を奪って女と逃げろ‼　ハイヒールで玉を潰す女性刑事、バスジャックを仕掛ける極道が暗躍。一気読みセックス・バイオレンス！
く65

近藤史恵
天使はモップを持って
キュートなおそうじの達人は、汚れも謎もクリーンに解決！　シリーズ20周年を記念して大人気〈清掃人探偵・キリコ〉第一巻が新装版で登場！（解説・青木千恵）
こ34

嶋中潤
死刑狂騒曲
死刑囚を解放せよ。テロ組織から脅迫状が届いた。女性刑事は体当たりの捜査で事件解明に挑む。犯罪サスペンス×どんでん返しミステリー！（解説・千街晶之）
し41

真藤順丈
七日じゃ映画は撮れません
いわくつきの脚本を撮るため、若き映画監督のもとに集結した異能の映画職人たちの奮闘を圧倒的な熱量で描き出す！　群像劇にしてスペクタクルな職業小説。
し51

実業之日本社文庫 う41

秘湯《ひとう》めぐりと秘境駅《ひきょうえき》

旅《たび》は秘境駅《ひきょうえき》「跡《あと》」から台湾《たいわん》・韓国《かんこく》へ

2019年2月15日　初版第1刷発行

著　者　牛山隆信《うしやまたかのぶ》

発行者　岩野裕一
発行所　株式会社実業之日本社
〒107-0062　東京都港区南青山5-4-30
CoSTUME NATIONAL Aoyama Complex 2F
電話［編集］03(6809)0452［販売］03(6809)0495
ホームページ　http://www.j-n.co.jp/
DTP　ラッシュ
印刷所　大日本印刷株式会社
製本所　大日本印刷株式会社

フォーマットデザイン　鈴木正道（Suzuki Design）

ISBN978-4-408-55459-4（第一趣味）